AF431783

Nicole Giroud

Après la guerre

Nouvelles

Plumitive
Editions

Introduction

La guerre a disparu de notre horizon immédiat mais ailleurs en Europe, en Afrique, en Asie, d'autres conflits ont pris le relais à peine la deuxième guerre mondiale terminée : guerres de décolonisation, guerres par pays interposés des blocs Est-Ouest, guerres ethniques et maintenant religieuses.

C'est comme si les explosions des bombes et des coups de feu, le sifflement des balles des snipers, les gaz mortels interdits mais toujours employés et les haines fratricides n'en finissaient jamais d'alimenter les cauchemars des hommes. Partout dans le monde un conflit à peine réglé deux autres surgissent comme un feu mal éteint qui couve depuis que l'humanité existe. Nous voudrions tant qu'il existe un monde apaisé où on ne transformerait pas une petite fille en bombe, où on n'enlèverait pas des centaines d'adolescentes, où on ne massacrerait pas d'une manière atroce des populations entières, où on ne décapiterait pas les humanitaires et où la Kalashnikov se trouverait dans le musée des horreurs, mais ce n'est pas le cas.

Et les enfants continuent à ouvrir de grands yeux sur un désastre qu'ils ne comprennent pas, à jouer et à rire sur les champs de mines avant le hurlement, l'immense hurlement qui résonnera dans la tête de leurs parents jusqu'à la fin de leurs jours. Et la plupart des femmes continuent à faire à manger, à élever et tenter de protéger leurs enfants, tandis que d'autres femmes et beaucoup plus d'hommes font la guerre, fusils, caches, exaltation virile, haine totale, et après ? Au moment où les armes se taisent et que l'on parlemente enfin, que se passe-t-il ? On efface tout, vraiment ? Comment vit-on au moment où le silence revient ?

Les événements ne s'effacent jamais. Ils tournent en boucle, déterminent l'existence de ceux qui ont été confrontés à la mort d'une manière insupportable et parfois ne s'en souviennent plus s'ils étaient enfants. Mais certaines scènes resurgissent comme des pantins malfaisants dans les périodes de fragilité, creusant leur sillon d'horreur et de désarroi : c'est toujours la guerre pour ceux qui ont subi de plein fouet les aléas de l'Histoire.

Les faits bruts de la guerre, ceux que l'Histoire officielle retient, ne m'intéressent pas ; seuls les hommes m'importent, ceux qui ont été façonnés ou broyés par une machine qui les dépassait. Enfants soldats ou estropiés par une bombe anti-personnelle, rescapés des camps du Cambodge, femmes victimes ou gardiennes de camps, femmes résistantes, femmes soldats, mères prêtes à tout pour protéger leurs petits.

Leurs déchirements ou leur aveuglement, leur courage ou leur obéissance servile, toute la gamme des sentiments humains qui ont décidé de leurs choix me concerne, nous concerne tous : qui peut dire avec certitude qu'il aurait choisi le camp des victimes plutôt que celui des bourreaux ?

Je me sens profondément touchée par la façon dont les humains réussissent à vivre après la guerre. Leur fragilité, leurs sentiments, parfois leurs actes dictés par le passé. Cette empathie a commencé avec l'écriture de la biographie d'un résistant de la seconde guerre mondiale, Louis Adrien Favre. J'ai rencontré beaucoup de témoins qui sont morts désormais, j'ai constaté sur eux les ravages de la guerre, cette onde de choc qui avait décidé de la suite de leur vie, découvert aussi que parfois la guerre permettait au meilleur de l'être humain de s'exprimer. Par exemple la mère de Louis Favre – le résistant fusillé par la Gestapo en juillet 1944 – avait eu droit à un prisonnier de guerre allemand après la guerre pour l'aider à la ferme. Cet homme avait un uniforme déchiré. Elle avait lavé l'uniforme, réparé le tissu et remis des boutons à sa veste. Un de ses voisins qui l'avait vue travailler lui avait dit :

— Comment tu peux réparer l'uniforme de ce boche alors qu'ils ont fusillé ton fils ?

— Ce n'est pas cet homme qui a tué mon fils.

Je crois que tout est dit. J'ai lu des lettres de la mère de Louis : elles transpiraient de souffrance et d'amour maternel, jamais de haine. Une femme d'une humanité exceptionnelle, comme son fils. Suite à la biographie de Louis Favre j'ai fait des conférences et recueilli nombre de témoignages bouleversants. J'ai attendu que leur onde de choc se calme un peu dans ma tête, je voulais oublier la guerre, la mettre à distance.

Mais la lecture de reportages et de livres sur des enfants ou femmes soldats en Afrique montrant la délicate cohabitation entre les anciens bourreaux et leurs victimes parfois dans le même village, la difficulté du pardon et celle de reconstruire sa vie lorsqu'on a vécu ou commis des horreurs, ne connaissent ni frontière ni date.

Certains sentiments sont universels et c'est ce que j'ai voulu montrer avec ces nouvelles. Les histoires que vous allez lire sont véridiques, elles concernent presque toutes la suite de la seconde guerre mondiale en Haute-

Savoie, je les ai simplement transformées en nouvelles avec mes mots et mon appréhension personnelle de faits que je n'ai pas vécus. Une partie d'entre elles concerne ceux qui étaient des enfants à l'époque. Leurs parents étaient résistants ou collabos, Juifs ou SS, pétainistes ou gaullistes ; ils étaient petits, ils n'ont pas compris ce moment terrible où leur vie a basculé. Fils de « terroristes » ou de « collabos », la bonne conscience des gens bien les poursuit, module leurs réactions d'écorchés vifs, leur sentiment de culpabilité parfois. Les adultes qui ont survécu à cette guerre sont morts pour la plupart d'entre eux mais l'histoire familiale se perpétue en ricochets destructeurs et dans certaines régions des haines recuites ne sont pas prêtes de s'éteindre.

La guerre a encore de beaux jours devant elle.

J'ai choisi de vous présenter ces nouvelles dans l'ordre chronologique correspondant aux moments-clé des témoignages à l'origine de ce recueil. Vous lirez d'abord la nouvelle puis je vous donnerai les sources de celle-ci. Dans certains cas je ne citerai ni les noms de lieux ni ceux des personnes pour ne pas raviver le feu même si cette précaution risque d'être vaine tant les souvenirs et leur transmission sont vivaces.

Si les mots de ces nouvelles pouvaient panser certaines plaies, donner une sorte de fraternité aux victimes pour que leur solitude soit moins intense, qu'à travers l'empathie de celui qui écrit et de ceux qui lisent, un peu d'humanité se coule en baume sur les plaies vives, j'aurais été utile.

La recherche du disparu

Ils sont penchés tous les deux devant la table de la cuisine, chacun sa feuille du journal devant lui. Elle ne voit pas très bien les caractères, c'est écrit si petit ! On manque de tout. Le beurre, la viande, tout est rationné ; quant au pain blanc, ce n'est encore qu'un souvenir d'avant la guerre. Le papier se fait rare, alors les journaux sont écrits en caractères minuscules pour tenir le moins de place possible, tous les articles sont tassés pire que des sardines dans leur boîte.

Tout de même, en caractères gras sur chaque page de titre, la glorification des héros de la région. Chaque fois qu'ils changent de feuille leur main tremble : ils ont peur de trouver le nom de leur fils. Mais non, rien, cela les soulage, cela veut dire qu'il n'est pas mort, n'est-ce pas ? Autrement on parlerait de lui en première page, son nom en caractères gras, et tous ses faits d'armes, son courage, non, son héroïsme... Ils ne trouvent rien et le silence possède des relents d'angoisse. Parfois Émile sent monter une colère

— Il va m'entendre quand il va rentrer, je te le dis ! Si j'avais été là ça se serait pas passé comme ça, tu peux me croire !

Le reproche est implicite, Louise baisse la tête. Son fils va revenir. Ils vont revenir, tous, ces gamins partis faire la guerre sur un coup de tête.

Émile ne peut pas comprendre, il a quitté un gamin obéissant en mai 40, il n'a pas connu sa transformation en jeune coq buté. Louise n'arrivait pas à en faire façon, elle était débordée par ce jeune homme trop vite grandi, et il y avait les tickets de rationnement, les colis à envoyer au stalag, le charbon et le bois à trouver, elle ne savait où donner de la tête. Il y avait eu cette histoire du STO, le service du travail obligatoire, en 43 ; tous les jeunes devaient être convoqués, on ne parlait que de ça dans les files d'alimentation.

Jean rentrait de plus en plus tard de l'usine, le front buté :

— Je ne vais pas aider les Allemands à gagner la guerre, je ne veux pas partir en Allemagne.

— Mais ils l'ont déjà gagnée, la guerre, rétorquait sa mère, qu'est-ce qu'on peut y faire ? Et puis, tu n'as pas vingt ans, tu es soutien de famille puisque ton père est prisonnier en Allemagne, ils ne vont pas me prendre mon fils, la seule personne qui me reste !

Ce « ils » indifférencié et menaçant c'était toutes les autorités qui lui faisaient peur, les Allemands, les gendarmes français, la milice... Et si son fils était déclaré apte au Service du Travail Obligatoire, si lui aussi partait en Allemagne ? Louise se sentait perdue.

Jean ne répondait rien. Mais le matin de sa convocation pour la visite médicale, il n'était plus là. Juste un petit mot sur la toile cirée de la table : *Je suis parti dans le maquis. Je t'aime, ma petite Maman. Je t'embrasse. Ton Jeannot.*

Elle était restée seule dans leur petite maison d'ouvriers. Le village n'est pas grand, un peu plus de cinq cents personnes, région douce, région de châteaux, et Tours à 23 kilomètres. Tout le monde se connaît. Elle attendait leur retour, au père et au fils. Elle avait reçu en tout deux cartes, *Je vais bien et je t'embrasse, ton Jeannot qui t'aime* puis la mère d'un des jeunes qui était parti en même temps que lui était venue la trouver un matin : il avait été arrêté fin mars 44 en Haute-Savoie.

Arrêté ? Il était prisonnier comme son père alors. Elle recommença à attendre, économisant ses tickets pour lui envoyer des colis quand elle saurait où il se trouvait. Mais rien. Les nuits sans sommeil, l'angoisse qui tord le cœur et les jours, fait perdre toute saveur et met de la distance entre les autres et vous. Le printemps avait passé, puis l'été, pas de nouvelles. Impossible d'écrire à son mari *Notre fils a été arrêté* impossible, elle ne pouvait pas voir ces mots écrits, ils seraient devenus définitifs.

Un soir en octobre 44 une ombre flottante avait pénétré dans la maison : Émile était revenu d'Allemagne comme cinq autres hommes du village. Il avait regardé sa femme, et puis la cuisine : juste un verre et une assiette sur l'égouttoir.

— Et Jean, où il est ?

Louise expliqua le STO, le maquis, montra les deux cartes reçues, « il va revenir, il ne peut pas écrire, tu es revenu alors il ne va pas tarder »... Il ne dit rien.

Louise lui réchauffa une assiette de soupe puis voulut l'aider à monter l'escalier ce qui l'irrita.

Il fallut se réhabituer l'un à l'autre, Louise lui laissait sa part de viande lorsqu'il y en avait, il était si maigre ! Ils avaient reçu beaucoup de visites des voisins, tous ceux qui le pouvaient donnaient quelque chose à manger par solidarité, « mais prends je te dis, j'en ai trop ça sera gâché » et petit à petit Émile était redevenu lui-même.

Maintenant ils sont deux à attendre. La guerre est finie, les copains de l'usine avec qui leur fils est parti sont rentrés. Pas tous. Certains parents attendent toujours, ils se croisent sur le trottoir, épaules tombées, démarche lente. Ils se retrouvent à faire la queue pour le journal, ils ne se parlent pas ou alors à demi-mots, sans terminer leurs phrases :

— Est-ce que vous avez...

— Non. Rien, et vous ?

— Rien non plus.

Il va revenir, c'est sûr il va revenir.

Louise et Émile attendent dans la cuisine ou le jardin, ils ne s'éloignent jamais longtemps *au cas où*. Les voisins demandent « Alors ? Toujours pas rentré ? Pas de nouvelles ? » Puis ils ne demandent plus rien. Parlent de la pluie et de beau temps. Du général de Gaulle. Du rationnement. La gêne et la compassion se mélangent, la vie reprend pour tout le monde. L'usine avait été bombardée, on s'active pour réparer le toit, les murs, on remet en état les machines. Petit à petit le travail reprend. Les collègues d'Émile lui rendent visite :

— On reprend le boulot en juillet, est-ce que tu reviens ?

— Impossible, Louise ne s'en sortira pas toute seule pour le journal, je dois rester là. Plus tard, les gars, quand on aura retrouvé Jean, ça fera deux ouvriers d'un coup !

Les autres n'insistent pas.

Et si Jean ne revenait pas ?

Été 45. Trois jeunes sont rentrés en juillet, dans un état à faire peur. Louise et Émile se précipitent, les parents radieux filtrent les visites, « il est si fatigué vous comprenez »... Ils attendent, font profil bas malgré leur besoin de savoir et la rage qu'ils sentent monter, ils supplient, « Juste un instant, on ne voudrait surtout pas le fatiguer, c'est sûr. Mais vous devez comprendre, vous qui venez enfin de retrouver votre enfant ». Louise et Émile font le siège des trois maisons pour contrôler s'il n'y aurait pas de différences entre les récits des trois jeunes.

Ils étaient déportés en Allemagne, le chaos des trains, les listes, les Américains :

— Oui, oui, mais Jean ? Vous savez où est Jean ?

Non, ils ne savent pas.

— On a beaucoup bougé, vous savez... Il faut attendre, c'est la gabegie la plus totale, il doit essayer de rentrer...

Ils baissent les yeux, pressés de les voir partir, de retrouver la joie insensée de leur famille et de leur petite amie, loin de cette détresse qui sonne comme un reproche et obscurcit leur soulagement d'être en vie.

À peine arrivé dans la cuisine Émile laisse éclater sa colère : ils sont revenus, les copains du fils, ceux qui l'ont convaincu de ne pas se rendre à la convocation du STO, de partir loin, dans les montagnes de Haute-Savoie pour faire les héros ! Les beaux palabreurs aux yeux brillants qui l'ont poussé, lui le timide, le gentil trop dans les jupes de sa mère à se joindre à eux pour l'aventure de la Résistance, ils sont revenus. Et Jean ? Où est son Jean, son fils unique tant aimé ? Leur fils tant aimé. Émile regarde sa femme : Louise est ravagée, elle a beaucoup maigri comment ne s'en est-il pas aperçu ? L'absence de Jean la ronge encore plus que lui. La colère d'Émile retombe comme un soufflé et il prend sa femme dans ses bras, longuement, sent les larmes de Louise couler sur son avant-bras. Les autres sont revenus. Pas Jean.

Où chercher ? Est-ce qu'il a été déporté en Allemagne comme les autres ? Est-ce qu'il est blessé et se trouve quelque part là-bas, incapable de donner des nouvelles ?

Ils ne sont pas les seuls à chercher, une vingtaine de familles de la région cherchent leurs disparus au milieu du chaos administratif : archives des centres de détention détruites par les Allemands, mairies bombardées, pays qui essaie de se reconstruire dans un désordre indescriptible, quant à l'Allemagne c'est encore pire. Où trouver une bribe d'information ? Où chercher ? Ils n'ont que la *Nouvelle République*, le journal local de la région de Tours, à leur disposition.

Tous les jours c'est un vrai travail dans le silence et la concentration. Ils cherchent, épluchent, lisent le moindre entrefilet, penchés sur la table de la cuisine, chacun sa page. Ils font tous la même chose, tous les parents dont l'angoisse monte d'un cran au fil du temps, tous les jours, même ceux qui ont de la peine avec l'écrit, ceux qui n'avaient jamais lu un journal avant la guerre.

Et ils trouvent.

Un article de trois centimètres sur deux en troisième page annonce que l'on a retrouvé le corps de deux Tourangeaux non identifiés à Annecy et demande que l'on s'adresse au « directeur d'institution à Ville-la-Grand par Annemasse (Haute-Savoie) ».

Les locaux de la prison Saint François à Annecy ont vu passer 239 résistants qui ont été pour la plupart déportés en Allemagne ou fusillés ; après la Libération, en juillet 44, on découvre un charnier dans la cour de l'école, certains indices font penser que parmi eux se trouvent deux Tourangeaux. Transmission à la presse locale de l'information. Ce genre de renseignements circule dans toute la France, c'est pratiquement la seule façon pour les familles d'avoir des indications sur le sort de celui qu'elles cherchent.

Deux Tourangeaux.

Vingt familles se précipitent à Tours à la direction du journal pour connaître l'adresse exacte de la personne à contacter. Un curé ? C'est un curé ? Comment on s'adresse à un curé ? « Monsieur, monsieur le directeur, mon Révérend Père » ? Et la suite ? Comment amener l'affreuse demande quand il semble que les mots sur le papier ont une force définitive ?

Le directeur du petit séminaire de Ville-la-Grand, le Père Frontin, commence très vite à recevoir une série de lettres angoissées de familles désespérées ; il ne comprend pas pourquoi le journal tourangeau a donné son nom cependant il répond à toutes les lettres de ces inconnus qui s'adressent à lui, il les garde précieusement dans ses archives.

Mon Révérend Père

Je suis solliciter de votre bienveillance, afin d'obtenir des renseignements au sujets des deux corps tourangeaux retrouvés le 18 août 1944.

Des mères qui cherchent leur fils, donnent de pauvres détails poignants :

On a retrouvé l'alliance de mon fils gravée à ses initiales et date de mariage sur le corps d'un autre fusillé au camp de St Symphorien. (...) Mon fils était grand 1mètre 69 à 70, cheveux châtain, front haut, tempe très dégagée, se coiffant relevé en arrière. Grand, mince, il portait un pantalon gris, un slip, une chemisette bleu ciel (...) avait des chaussettes grises longues, et des sandalettes en cuir à bride, attachant sur les côtés.

Les parents de Jean ont lu le journal. Dans les entrailles de sa mère, quelque chose se met à hurler, les boyaux qui se tordent, une rétention qui se crée comme si elle vivait un accouchement à l'envers. Elle sait. Elle est sûre qu'il est là-bas, en Haute-Savoie, au milieu des corps, son fils, son Jeannot, son fils unique.

— Ne te mets pas dans des états pareils avant d'être sûre ! On va d'abord écrire...

Louise se charge de la lettre, son homme n'est pas à l'aise avec l'écrit. Tous deux n'aiment pas les curés, elle commence par *Monsieur*. Après la rédaction elle est épuisée, c'est Émile qui va à la poste, au retour il la trouve couchée dans leur lit. Le soir elle ne se lève pas pour faire à manger, il s'occupe de la soupe, demain ça ira mieux. Mais le lendemain c'est pareil, Louise n'a plus de forces, c'est comme si la vie était partie de ses jambes, elle ne sait pas expliquer.

Son mari l'oblige à s'habiller alors qu'elle voudrait rester cachée sous les couvertures dans la chambre, il lui passe doucement un gant de toilette sur le visage et sous les bras, comme à un tout petit enfant, puis il lui prend le bras, la soutient plus qu'il ne l'accompagne. Ils vont se promener au bord de la Loire ou du Cher ; lorsque Louise regarde l'eau couler Émile l'observe à la dérobée : ses tempes sont devenues grises.

Ils épient la boîte aux lettres, la réponse tarde à venir, Émile n'a rien dit aux voisins ni à la famille, il s'occupe de Louise, la force à manger. Le courrier met du temps dans un sens et dans l'autre, tout fonctionne si mal !

Le Père Frontin leur a répondu aussitôt qu'il a reçu leur lettre : il s'occupe de tout en Haute-Savoie, fait les démarches pour eux, ils ne doivent pas s'inquiéter, il a été prisonnier pendant quatre mois dans cette prison, personne mieux que lui ne pourra les aider. Une lettre d'une grande gentillesse, une vraie chaleur, pas de mention de religion ou de Dieu vous aidera, rien, rien que de la bonté et de l'attention, cela les réconforte.

— Il va s'occuper de tout, il l'a dit. Et puis tu sais, il ne faut pas te mettre martel en tête : tu as vu comme on était nombreux, au siège de la *Nouvelle République* ? Deux corps et une vingtaine de familles, pourquoi ça serait Jean, tu peux me le dire ?

Ils attendent dans l'angoisse, l'été est très beau, ils marchent le dimanche, beaucoup.

Enfin le résultat des démarches du religieux arrive, et Louise hurle si fort que les voisins comprennent. Émile n'a plus le courage de parler de promenade, il ne se lave plus beaucoup non plus. Petit à petit les visites de condoléances commencent dans la cuisine.

C'est Louise qui répond au Père Frontin :

Vallerès le 24 septembre 1945

Monsieur,

Nous avons reçu ce matin votre lettre nous annonçant votre quasi-certitude de l'identification de mon fils avec le 7ème corps trouvé dans la fosse de St François. (…) Il était notre unique enfant et nous n'avons plus rien.

Mon mari a été prisonnier et fut rapatrié en 1944. J'avais déjà eu bien de la peine, bien du souci, mais, voyez-vous, Monsieur, ce n'était rien à côté de cette peine que je supporte depuis 18 mois, car depuis que je sais qu'il a été arrêté, j'ai passé bien des mois sans dormir, et il ne s'est pas passé une heure de chaque jour sans que ma pensée ne l'ait rejoint.

Le religieux répond aussitôt, une lettre que l'on suppose pleine de compassion, Louise s'apprivoise un peu.

Vallerès le 7 octobre

Monsieur l'abbé

Voici enfin la dernière lettre figurant dans les archives du religieux :

La chair de la souffrance.

Le Père Frontin s'occupe des démarches. Ils font enterrer leur fils Jean dans le petit cimetière qui domine la colline. Tout le village est là, l'église est trop petite pour tout ce monde. Les copains de l'usine sont juste derrière eux, tout seuls sur leur banc, face au cercueil où il n'y a qu'un squelette qui hante leurs nuits. Les copains de Jean se trouvent au fond de l'église, ils n'osent pas s'approcher.

Ils ne lisent plus la *Nouvelle République*, Louise utilise la pile de journaux pour allumer le poêle quand il fait froid ; elle froisse les feuilles et écrase les mots entre les paumes sans les regarder. Elle ne parle plus beaucoup. Ses cheveux sont tout blancs, maintenant, elle les porte en chignon comme une petite vieille alors qu'elle n'a pas cinquante ans.

Émile a repris le chemin de l'usine. Il prend son vélo et part dans la nuit comme la plupart des gars du village, lumières clignotantes qui ondulent en serpentins lumineux en direction du travail. Il fait le même chemin presque tous les jours de sa vie depuis bientôt trente ans, pluie ou froid, brouillard ou soleil rosé, et le vélo le matin qui rythme le changement des saisons. Par ici on ne connaît pratiquement jamais la neige, c'est une région de douceur de vivre.

Il fait presque toutes les nuits le même cauchemar : il entend hurler et sangloter dans une cave, il sait que c'est la cave de l'école Saint François à Annecy, Jean l'appelle au secours, « Papa, papa ! » et il ne peut pas l'aider. Son cri de père reste bloqué dans la gorge. Il ne peut pas aider son fils qui l'appelle dans la nuit.

Sa femme rêve aussi. Parfois la nuit, il l'entend rire dans son sommeil, il lui semble entendre « Mon petit ». Louise revoit Jean sur son petit vélo : plus de roulettes, il oscille sur le chemin, elle le regarde en souriant, « Ma petite maman je t'aime » et son rire sonore l'aide à supporter le jour suivant. Elle rit doucement dans son sommeil et le père se sent exclu de ce territoire. Lui se trouve devant une cave où hurle un jeune homme à la voix d'enfant.

On a rajouté le nom de leur fils sur le monument aux Morts de la commune et chaque onze novembre désormais ils se trouvent en première ligne, à côté du maire qui va faire son discours.

La patrie reconnaissante...

Émile serre le poing dans sa poche. Louise regarde au loin, en direction des collines.

Après ils rentrent chez eux. La cuisine un peu sombre n'a pas changé. Elle sent la soupe au chou et le chagrin.

Sources

L'établissement d'enseignement des Missionnaires de Saint François de Sales, l'École Saint François de Ville-la-Grand, se trouve très exactement à la frontière franco-suisse, le mur du jardin formant même frontière, ce qui explique l'importance de cette école durant la seconde guerre mondiale. Dans ce qui leur sert de grenier, les religieux ont empilé les documents qui ont échappé à la déchetterie ; archives semble un mot à la fois prétentieux et déplacé pour les cartons où s'amoncellent pêle-mêle journaux de l'époque de la guerre, factures, lettres et photos. De ce capharnaüm ont surgi une douzaine de lettres sur papier jauni qui n'avaient pas été lues depuis plus de soixante ans. La souffrance qu'elles expriment n'a pas d'âge.

Avec ces lettres, un petit rectangle de journal, deux centimètres sur trois, un article de La Nouvelle République, journal local de la région de Tours annonçant que l'on a retrouvé le corps de deux Tourangeaux non identifiés à Annecy et demandant que l'on s'adresse au « directeur d'institution à Ville-la-Grand par Annemasse (Haute-Savoie) ».

Le Père Frontin a été détenu à l'école Saint François transformée en prison par la Gestapo pendant quatre mois sans autre raison qu'être le supérieur hiérarchique de Louis Favre. Il ne sait pas pourquoi on a donné son adresse mais il répond manifestement avec beaucoup d'humanité à la détresse des inconnus qui s'adressent à lui, leurs lettres en font foi. Il n'a pas gardé copie de ses propres réponses, seulement les lettres de ses correspondants, à moins que d'autres lettres se soient retrouvées à la déchetterie lors d'un accès de nettoyage des religieux actuels.

Après la Libération on a découvert un charnier de résistants exécutés par la Schutzpolizei dans la cour de l'école, d'où les quelques lignes parues dans un journal de Tours et la série de lettres angoissées de familles désespérées.

Les lettres figurant dans la nouvelle sont la transcription exacte des lettres reçues par le père Frontin.

Les chaussures rouges et marron

Tous les deuxièmes vendredis de décembre ils ont rendez-vous à onze heures du matin au terminus du tram à Annemasse, mais ils arrivent beaucoup plus tôt avec leur mère tellement ils ont peur de rater le départ. Ils ne tiennent pas en place, s'interpellent, rient, se précipitent au-devant des autres et la femme en noir qui leur tient la main a bien de la peine à les suivre. Les enfants sont invités à l'arbre de Noël de la France Libre de Genève et ils attendent le tram 12 qui va les emmener dans le plus bel endroit qu'ils connaissent. Le tram fait partie du réseau de transport genevois mais il pénètre dans le territoire français jusqu'au terminus, entre les deux gares de la ville d'Annemasse. Les douaniers suisses montent dans le tram pour les contrôles d'identité à la douane de Moëllesulaz.

Enfin ils sont tous là, onze heures, le moment du départ, les yeux brillants d'excitation, poussées, échanges de plaisanteries. Leurs mères les embrassent, « Sois sage, ne fais pas trop le fou », et les confient ainsi que leurs papiers aux deux d'entre elles qui les accompagnent à l'hôtel de l'Arquebuse. Cette année Léonie a été désignée avec Marie pour accompagner les orphelins des résistants exécutés à Saint Gingolph et Vieugy ainsi que ceux du massacre de Pouilly.

On les appelle les *fils et filles de tués*. Les femmes en noir sont veuves de guerre.

Ils montent en grappes dans le tram 12 : c'est la fête, la plus belle de l'année, et la voiture bruisse de rires excités qui retombent brusquement lorsque les douaniers suisses montent et demandent les papiers aux femmes en noir. L'uniforme fait peur aux enfants et les petites Henriette et Mélanie commencent à avoir les yeux qui s'agitent de tics nerveux. Les douaniers suisses savent qui ils sont : le Noël des *Fils de Tués* est devenu une tradition, ils ne savent pas qui a décidé cette fête mais c'est la quatrième année qu'ils voient passer les enfants avec les deux veuves qui les accompagnent.

— Bonne journée, les enfants ! Saluez le Père Noël de notre part !

Les rires reprennent, le plaisir anticipé, l'impatience font monter les voix dans les aigus. Certains petits ont les yeux levés, ils sont déjà dans ce lieu si grand, si beau mais dont ils ne se souviennent plus bien de tous les détails. Les deux femmes regardent les grands en souriant et murmurent des « Chut ! Pas tant de bruit ! » très mous devant les mines pincées de quelques passagers qui se sentent envahis par ces petits Français bruyants.

Envahis. Les Genevois ont eu si peur de l'être pendant la guerre, elles peuvent comprendre, elles peuvent tout comprendre, prises d'une immense reconnaissance pour ces Suisses qui ne les ont pas laissés tomber, elles et leurs enfants.

La guerre. Cet affreux équarrissage. Le mari de Léonie était menuisier-ébéniste, il possédait son atelier, une honnête aisance, et le trou qu'il a laissé dans sa famille est gigantesque. Léonie avance en équilibriste sur le fil de la misère, comme si celui du chagrin et du manque ne suffisait pas. Trois garçons à élever dont le dernier n'avait pas deux ans lorsque son père est mort brûlé vif dans la chute de la maison. Et ce vide autour d'elle et de ses enfants, cette hostilité patente envers les petits orphelins que les gamins du village appellent *les fils du terroriste*. La solitude de Léonie, sa rage contre tous ces bien-pensants résistants de la dernière heure qui détournent les yeux devant elle. Pas un ne lui a tendu la main. Le salut est venu des Suisses. Leur aide matérielle et morale. Leurs visites, leur écoute, leur attention. Et l'arbre de Noël pour les enfants, les orphelins de la guerre.

Voilà la plaine de Plainpalais, le grand espace libre au milieu de la ville de Genève qui avait été transformé en gigantesque potager pendant la guerre. La petite troupe se précipite dehors, « Allons les enfants, mettez-vous par deux, qu'on n'en perde pas un en route ! » Elles n'ont pas dit *en rang*, certains mots leur répugnent. Les gamins se poussent, s'étirent en un long ruban ondulant limité par deux points d'exclamation vêtus de noir.

Tous les yeux brillent, tout bruisse, et les rires et les coups de coude et les doigts pointés vers les vitrines de Noël. Est-ce qu'il y aura un clown cette année ? L'année précédente il y avait un magicien et un clown, cette fois quelle sera la surprise ? Et les *Marmousets* de Ferney-Voltaire avec leur bel uniforme bleu, est-ce qu'ils vont faire un concert comme l'année précédente ? Les grands ont noué des amitiés par sauts de puce d'un an, retrouvant ceux de l'autre département (surtout les filles !) avec un plaisir évident. Le bel uniforme de l'école des Marmousets les fait rêver, et la fête qui va se dérouler, la superbe fête, encore plus.

En décembre 44 les enfants ont découvert l'hôtel de l'Arquebuse ; jamais ils n'avaient vu un endroit aussi beau, aussi luxueux : de la pierre grise, solide, avec un balcon en dentelle de pierre au-dessus de la porte d'entrée, ils avaient ralenti, s'étaient regroupés sur les marches, indécis, avant que quelqu'un vienne les chercher.

Il y avait tant de monde, un véritable embouteillage devant le trottoir, ils étaient nombreux, si nombreux, les *fils et filles de tués*. Mais c'était bien organisé, à la suisse, évidemment. Plusieurs dames souriantes avaient chacune une liste, pas d'énervement, une jolie dame blonde s'était dirigée vers eux et les avait guidés vers la *Salle des Rois*. Leur éblouissement. Leur silence. Leurs yeux qui contemplaient l'aigle double des armoiries genevoises, les personnages sévères et les scènes de batailles. Et leur regard était descendu en direction de la table avec la nappe blanche, la table garnie de petits pains. Avec des tasses blanches, et des dames souriantes qui tenaient des pots de chocolat chaud. Quelle excitation ! Des petits pains et du chocolat chaud, et dans des tasses luxueuses ! Oublié le silence, « Ne vous bourrez pas le ventre, les enfants, les familles d'accueil vont arriver, vous ne voudriez pas leur faire honte en ne mangeant pas ce qu'elles ont préparé en votre honneur ! »

Depuis ils savent que c'est eux qu'on attend, le deuxième vendredi de décembre, dans un endroit magique pour la plus belle fête de l'année.

Les gens s'écartent sur le trottoir devant l'étrange groupe qui tient de l'orphelinat en course d'école. Plus les enfants approchent de la rue du Stand, plus ils sont excités. Les fils aînés de Léonie défilent devant avec les grands, ils connaissent par cœur l'inscription inscrite au fronton de l'hôtel de l'Arquebuse, *pro deo et patria*, pour Dieu et la patrie. Leur mère a expliqué aux enfants que l'important c'était la patrie, la présence de Dieu ils pouvaient l'oublier : s'il avait jamais existé il avait disparu depuis bien longtemps autrement il n'aurait pas permis la guerre.

Les deux femmes en noir se taisent ; ce moment les paie de leurs humiliations de l'année écoulée. En Haute-Savoie les déchirements de la guerre semblent ne jamais pouvoir finir : on reproche aux familles l'engagement de celui qui a donné sa vie pour la patrie. Il n'y a pas d'aide à attendre, encore moins de compassion. À cause des *terroristes* tant de gens ont perdu la vie, vous ne voudriez pas qu'on aide leur famille, ils n'avaient qu'à y penser, à leur famille, avant de jouer les héros et de provoquer la colère des Allemands !

Les deux femmes se regardent : allons, ce n'est pas le moment de remuer l'amertume, leurs enfants vont être accueillis dans la magnifique Salle des Rois, même les plus hâbleurs vont se taire quand ils contempleront le plafond de la salle ; en un an ils ont oublié la magnificence du lieu. Et ce n'est que le début ! Après l'accueil des membres de la France Libre de Genève le personnel de l'hôtel de l'Arquebuse mettra un point d'honneur à les servir comme s'ils étaient des fils de banquiers genevois, débusquant les timides, un petit pain glissé dans la main, accompagnement discret en direction de la table, « Il ne fait pas chaud dehors, un chocolat chaud t'attend. »

Elles ne peuvent s'empêcher de comparer. Alors que la France recouvre d'une chape d'oubli les morts gênantes pendant que les vivants gonflent le jabot en évoquant leurs actions héroïques, certains Suisses essaient de soulager la misère des veuves et de leurs enfants. Elles ne savent pas exactement qui ils sont et pourquoi ils ont surgi dans leur vie au moment où elles avaient le plus besoin d'aide mais cela n'a pas d'importance. Elles disent « les Suisses » et étendent leur reconnaissance au pays tout entier pour cette aide discrète et persistante qui les sauve de la misère et du désespoir.

Mais pendant le temps de Noël, au moment où le manque du père se fait encore plus cruel, ce que ces gens qu'elles connaissent mal offrent à leurs enfants, c'est une merveille et leur cœur de mère se gonfle à en éclater de reconnaissance. Un coup d'éclat, du rêve et de la chaleur toute une journée de quoi faire oublier le jour de Noël et de s'emplir le cœur d'un éblouissement qui durera jusqu'à l'année suivante.

Allons, voilà l'hôtel, pas besoin de lever les yeux, l'embouteillage devant le bâtiment et les cris d'excitation du début de la colonne suffisent.

Déjà les enfants se précipitent, la porte s'ouvre, les discrets sourires des hommes au costume sévère, la chaleur des femmes au tablier blanc, « Bienvenue, les enfants ! »

Après les petits pains et le chocolat chaud, après les retrouvailles avec les enfants en uniforme de Ferney-Voltaire, la porte va s'ouvrir sur les familles d'accueil. Rien que des Genevois, des Suisses qui se souviennent de l'héroïsme de ceux qui ont donné leur vie pour la libération de leur pays, contribuant ainsi à la sauvegarde du leur. Des gens de toutes les classes sociales qui vont accueillir un ou deux enfants pour le repas de midi en famille. Un vrai repas de Noël, avec une vraie famille complète, où il y a un père qui n'est pas mort à la guerre.

Les mamans du pays de Gex et de Haute-Savoie choisies pour accompagner les enfants resteront manger à l'hôtel de l'Arquebuse avec les responsables de l'association avant le retour des enfants pour le spectacle et le Père Noël.

Léonie guette la porte. Les Simon vont arriver et emmener son petit dernier. Des notables, mais de la catégorie qui aurait eu l'assentiment de Jean, des comédiens connus avec un cœur immense. Jean-Claude avait vingt mois lorsqu'il a sauté dans les bras de Léonie pour échapper au brasier de la maison incendiée par les troupes allemandes, et ce bébé au milieu de cette sauvagerie – le massacre de Pouilly est encore dans toutes les mémoires – cela ressemble à une tragédie grecque. Est-ce la raison pour laquelle le fils du célèbre acteur Michel Simon, François, et sa femme Jutta l'ont choisi ? D'ailleurs l'ont-ils choisi ou est-ce le hasard d'une liste ? Léonie n'a pas la réponse. Elle se souvient de son serrement de cœur lorsqu'elle avait vu le petit s'éloigner la première fois avec les comédiens. Maintenant elle n'a plus d'appréhension, les Simon ne se contentent pas d'un repas au moment de Noël, ils sont présents dans la vie de son fils comme des parrain et marraine conscients de leur rôle.

La chaleur, la gentillesse de ces deux acteurs de théâtre vont accompagner son enfant longtemps, elle en est certaine.

— Les voilà !

De nouveau une vague d'excitation, du bruit, des rires, des *Comme tu as grandi !* Salutations aux femmes en noir, et les familles du canton solidaires de l'action de la France libre de Genève partent, un envol de moineaux puis le silence dans la grande salle imposante.

François Simon n'a pas encore fondé le théâtre de Carouge, mais il a ses racines dans la cité sarde. Il est venu chercher Jean-Claude avec sa belle conduite intérieure, une Torpédo noire qui fascine le petit garçon, il se sent important, installé à l'arrière du véhicule, avec François qui conduit tranquillement dans la ville de Genève. Arrivée à Carouge devant la vieille maison. Jutta ouvre la porte, lui sourit et l'embrasse. Cela sent bon la viande, la cannelle et le chocolat. La maison est belle et douce, avec des rideaux épais et des tapis, avec plein de photos sur les murs. Dans le salon l'arbre de Noël scintille de boules rouges et de guirlandes dorées ; sur le parquet, juste à côté du socle dans lequel le sapin est fiché, l'enfant remarque de drôles de chaussures rouges et marron et pas de paquet enveloppé comme l'année précédente. Qu'est-ce que c'est ? Jutta sourit devant les taquineries de son mari qui fait languir le petit garçon. Au moment de la bûche au chocolat, François se lève, va prendre les chaussures sous le sapin.

— Je t'ai assez fait attendre, je crois... Tu sais ce que c'est ? Des chaussures de montagne ! Tu habites bien à la montagne, non ? Alors tu dois avoir des chaussures de montagne !

Le petit contemple les chaussures. Elles sont magnifiques, jamais il n'a vu des chaussures pareilles ! François saisit une des chaussures et la lui met entre les mains. Jean-Claude caresse le cuir, s'émerveille de sa souplesse, rien à voir avec ses sabots. Ce rouge et ce marron, c'est comme Noël aux pieds, il va vraiment avoir des *chaussures de montagne* ?

— Eh bien qu'est-ce que tu attends pour les mettre ?

Le petit ôte ses sabots, Jutta les met dans un sac en papier, il faut lacer les souliers, François lui montre une fois, « À toi maintenant ! », le petit essaie, et encore une fois, et encore une fois, « Là c'est bien, tu pourrais le faire en dormant ! »

Il marche dans le salon la tête rivée sur ses chaussures et les Simon rient d'attendrissement. Il y a de la musique de Noël et de la douceur, le petit raconte les grands qui se sont battus à l'école parce que les autres disaient du mal de leur papa, la maman qui s'occupe du bois à fendre et de tout le reste. Les Simon se taisent, Jutta ressert une part de bûche. La lumière baisse déjà, il faut y aller sinon ils arriveront en retard.

François et Jutta raccompagnent Jean-Claude à l'hôtel de l'Arquebuse pour l'arbre de Noël. De nouveau la Torpédo noire. Le ronronnement de chat du moteur. Ils s'approchent de l'hôtel de l'Arquebuse et l'excitation gagne le petit : il va bientôt voir le Père Noël ! C'est de la magie : le Père Noël connaît le prénom de tous les enfants, il sait ce qu'ils ont fait pendant l'année, les bêtises et les grandes actions, l'école et les bagarres... Les grands disent que les mamans ont cafté pour les bêtises, que le Père Noël est trop bien informé. Jean-Claude s'en moque. Il se trouve à l'arrière de la voiture des Simon, dans le luxe et le confort, et il contemple ses chaussures.

Les quatre femmes ont eu droit elles aussi à un excellent repas avec certains responsables de la France Libre de Genève. Un moment de détente mais aussi l'occasion de pointer les besoins urgents des veuves de guerre, l'évolution de leur situation et celle de leurs enfants. Tout est noté consciencieusement dans un grand cahier brun. Dans la Salle des Rois le personnel s'est activé et a installé une petite scène pour le spectacle ; deux clowns essaient de calmer la petite chèvre qui bêle de détresse dans un coin tandis qu'une écuyère vêtue de mousseline dorée et un poney placide font leur apparition.

Les enfants arrivent tout excités avec leur famille d'accueil, un paquet à la main, heureux et importants, dans l'attente du plus beau moment de cette journée exceptionnelle.

Jean-Claude se précipite vers Léonie et s'arrête devant elle, les yeux rivés sur ses chaussures. Léonie se tait. Le cadeau a beaucoup de valeur, cela se voit. Mieux qu'un jouet, des chaussures solides qui lui feront de l'usage et dans lesquelles ses pieds seront bien au chaud. *On attrape froid par les pieds*, pense-t-elle de manière automatique.

— C'est trop ! Vous n'auriez pas dû, je ne sais pas comment vous remercier...

— Je vous en prie, Léonie, nous sommes si contents de lui avoir fait plaisir. Quel spectacle vont-ils leur servir, cette année ?

Déjà le clown blanc joue de la trompette pendant que le clown au nez rouge et aux gigantesques chaussures fait asseoir tout le monde. Et le spectacle démarre devant les enfants émerveillés. Que de rires quand le clown blanc donne une gifle à son compère ! Que de rires, et les mamans rient aussi, elles ne savent pas ce qui les contente le plus des enfants plongés dans le spectacle, du bon repas, de la parenthèse enchantée dans un quotidien plombé.

Bientôt le dompteur fait monter la petite chèvre sur la scène, demande une chaise, la petite chèvre grimpe dessus, puis trois chaises sur lesquelles elle grimpe encore toujours plus haut, pendant que le clown au nez rouge roule du tambour, les *Oh !* les *Ah !* des enfants, va-t-elle tomber ? Des petits ont peur, quelle merveille cette petite chèvre blanche en équilibre sur un amas de chaises, mais non, voilà qu'elle descend, les enfants applaudissent très fort, et voilà la belle écuyère perchée sur le poney harnaché de rouge, le corps enveloppé dans un faisceau de lumière... Elle fait le tour des spectateurs, sur un pied, puis l'autre, le poney accélère, tout le monde a le tournis, les petits sont ravis, les grands troublés par le jeune corps si peu vêtu...

Quelle merveille !

L'écuyère vient saluer, le poney aussi, des petites mains caressent son encolure, la petite chèvre s'approche, elle n'a plus peur. Un moment de flou, avec les petits attirés comme des papillons par les animaux pendant que l'écuyère et le dompteur distribuent des sourires aux autres...

L'écuyère remonte bientôt sur son poney, le dompteur met une corde autour du cou de la petite chèvre blanche, ils saluent les enfants en se dirigeant vers la sortie pendant que les enfants applaudissent. À peine un instant de regret mais déjà les clowns annoncent l'arrivée de quelqu'un venu du Grand Nord en traîneau juste pour eux, les rennes se restaurent plus loin, ils ne les verront pas, mais par contre le Père Fouettard n'est pas loin, alors s'ils n'ont pas été sages...

Roulement de tambour, tout le monde se tourne vers la porte : le Père Noël arrive !

Ils ne verront pas le Père Fouettard. Le Père Noël connaît le nom de chacun d'eux et cela impressionne les petits, il leur distribue des oranges. Des oranges ! Alors qu'elles sont encore si rares en France où la nourriture est toujours rationnée et le pain blanc inconnu. Des oranges, un privilège dont ils ont conscience, ils amèneront les pelures à l'école, peut-être même un quartier de fruit pour narguer les autres...

Il est cinq heures du soir, il fait nuit, il fait froid lorsque les enfants sortent de l'hôtel de l'Arquebuse. Ils ont pris congé du Père Noël et de leur famille d'accueil, ils serrent contre eux leur cadeau et leurs oranges. Les mamans accompagnatrices n'ont pas besoin de leur demander de se tenir tranquilles, ils sont fatigués. Tant d'émotion, tant d'excitation ! Le ruban s'étire, « Allons regroupez-vous et remuez-vous, vos mamans vous attendent ! » Un sursaut d'agitation pour la forme, un dernier regard aux vitrines illuminées, le trajet leur semble plus long qu'à l'aller, comme il fait froid soudain...

Les deux aînés de Léonie ne font plus les fiers avec les autres, ils se trouvent à l'arrière avec leur mère et leur petit frère. Léonie tient le sac de papier kraft dans lequel Jutta a glissé les sabots. Elle se tait, soucieuse. Elle pense à la douane française.

Le petit marche fièrement à ses côtés, les yeux fixés sur ses belles chaussures de cuir rouges et marron.

— Tu vas finir par rentrer dans un réverbère !

Ses deux frères se moquent de Jean-Claude et leur mère se tait.

Tout le monde monte dans le tram à Plainpalais ; les plus petits dodelinent du chef et se taisent pendant que les plus grands se regroupent et chuchotent des commentaires salaces au sujet de la belle écuyère. Lumière grise et enfants excités. Il n'y a presque personne dans le tram, à part leur groupe. Les arrêts se succèdent. *Ils ne vont peut-être pas voir les chaussures.* Léonie sent une douleur au niveau du plexus.

Moëllesulaz, *Mouille souliers*, la douane qui sépare la Suisse de la France. Cette fois ce sont les douaniers français qui montent dans le tram pour contrôler l'identité des voyageurs.

Quelques douaniers ont participé à la Résistance, quelques grains de riz durs dans une masse molle recuite de servilité. Les douaniers français sont parfaitement au courant de l'arbre de Noël des *Fils de Tués*. Comme s'il n'y avait eu que ces morts pendant la guerre ! Et ces veuves avec leur tenue en étendard, cela les irrite. Ils examinent longuement les papiers. Ils ne peuvent rien dire pour les oranges et les petits cadeaux. Personne n'a amené de pain blanc, dommage, ils auraient pu le confisquer. Ils savent que les enfants ont mangé du pain blanc en Suisse, et des gâteaux avec du beurre, et de la bonne viande. Tous les enfants se taisent désormais. Oubliées les lumières des vitrines, de l'hôtel de l'Arquebuse et de l'arbre de Noël. La lumière grise du tram. Des hommes en uniforme qui cherchent quelque chose ou quelqu'un. Une angoisse saisit les enfants. Un petit attire l'attention des douaniers : il n'arrête pas de soulever ses pieds et d'admirer ses chaussures.

— C'est quoi, ces chaussures toutes neuves ? Vous savez bien qu'on n'a pas le droit de faire passer des chaussures depuis la Suisse, c'est de la contrebande.

Lèvres pincées et contentement de celui qui sent le pouvoir.

— On vient de les lui offrir, c'est un cadeau, vous n'allez tout de même pas lui enlever ses chaussures !

Ils n'attendaient que ça. La veuve aurait fait profil bas, supplié, peut-être que, magnanimes, ils auraient fermé les yeux. Mais là, vraiment, comment ne pas faire appliquer la loi ?

— Vous allez descendre avec le garçon.

Le wagon silencieux. La tension. C'est la guerre. Les hommes en uniforme, les cris. Déjà deux garçons se mordent les poings et des petites, Henriette et Mélanie, ont les joues crispées par des tics qui s'affolent au coin de leurs yeux. Léonie comprend ce qui se passe dans la tête des enfants. Elle se tourne vers le groupe et s'adresse à ses deux garçons d'une voix calme :

— Attendez-moi à la maison, vous allez rentrer avec Marie, nous serons bientôt là... Au revoir les enfants ! Viens, Jean-Claude...

Les deux garçons obéissent et restent avec l'autre veuve de guerre accompagnatrice. Ils écrasent leur nez contre la vitre et avant que le tram redémarre ils voient leur mère entrer dans le bureau de la douane.

Léonie demande au petit de s'asseoir sur le banc. Les douaniers remplissent un papier, contemplent les souliers. Les beaux souliers rouges et marron. On n'en trouve qu'en Suisse, des souliers comme ça, un cuir de cette qualité ça doit coûter bonbon... Léonie sent la convoitise et la jalousie, un comble pour elle à qui on a tout pris ; une rage la saisit : le cadeau de Noël de son fils, ils ne l'auront pas.

Le combat commence. Léonie hausse le ton, exige de téléphoner au donateur des chaussures. Au bout d'un moment les douaniers acceptent, lassés par sa pugnacité.

Un quart d'heure plus tard, la grande Torpédo de François Simon se gare devant la douane. Jean-Claude est content : François va tout arranger, c'est sûr. Les douaniers regardent la puissante voiture, leurs lèvres se pincent devant l'aisance de l'homme, ils sentent la richesse mais eux possèdent le pouvoir. La loi est la loi.

François Simon parlemente longtemps, longtemps. C'est un comédien rompu à tous les registres dramatiques, il les essaie tous, presque tous. Il sait que jamais Léonie ne tolérera le misérabilisme, il laisse Dickens au répertoire.

Le temps passe, Jean-Claude a faim, la nuit est très noire, il sent des fourmillements dans les jambes. Les voyageurs se font de plus en plus rares, le tram circule à vide. Il fait froid, il n'y a plus de tram.

Léonie entre dans la salle d'attente, se met à genoux devant Jean-Claude, enlève les belles chaussures rouges et marron, enfile les sabots qu'elle a sortis du sac de Jutta. Elle pose les chaussures sur la banque de la douane, sans un mot. Elle refoule la haine et le mépris qui l'envahissent, ses enfants ont besoin d'elle.

— Venez, Léonie, je vous raccompagne chez vous. Monte dans la voiture Jean-Claude...

François essaie de lutter contre la colère et la tristesse, un dernier cadeau au gamin :

— Et fouette cocher !

Le trajet du retour dans la belle voiture silencieuse, avec Léonie qui se mord le poing et fixe la nuit noire d'un air farouche. François Simon ne dit rien. Ses phares blancs avalent la route et les branches nues des arbres ressemblent à des fantômes. Jean-Claude laisse tomber un de ses sabots dans la conduite intérieure et cela fait comme le bruit d'un coup de fusil dans la tête de sa mère.

Sources

Cette nouvelle a pour origine le témoignage de Jean-Claude Carrier, éminent spécialiste de la Résistance en Haute-Savoie et chercheur infatigable de documents concernant cette période. L'encyclopédie qu'il prépare depuis des années fera date dans le milieu des historiens.

L'existence de Jean-Claude est emblématique de l'impact de destruction de la guerre, la famille Carrier aurait pu faire l'objet d'un livre à elle seule, elle apparaît dans *Les chaussures rouge et marron* et dans *Le Capitaine SS*.

Jean-Claude naît au printemps 1942, en pleine guerre, au moment où son père vient d'entrer en clandestinité.

Son père Jean-Claude Carrier communément appelé Jean Carrier occupe des fonctions très importantes dans la Résistance armée de Haute-Savoie. Au moment de la naissance de son troisième fils il est recherché par la police de Vichy pour *menées antinationales*. Il donne à cet enfant qui naît en pleine tourmente le même prénom que le sien ; a-t-il voulu se continuer à travers ce dernier fils, a-t-il eu la prescience de la mort qui se profile ? Maître-ébéniste, militant SFIO, adhérent de la

Ligue des Droits de l'Homme avant la guerre, ce résistant de la première heure prend très vite des responsabilités dans la lutte armée contre l'occupant. Il commande 500 hommes de la vallée du Giffre et du Haut-Chablais. Un homme à abattre, ce Jean Carrier dit Jean Cheminal, pseudonyme Burnet, nom de code Burin puis Rabot. Sa tête est mise à prix pour une somme énorme.

La mère de Jean-Claude se prénomme Léonie. Elle n'a pas choisi la Résistance, elle a seulement respecté les décisions de son homme lorsqu'on est venu le chercher. Elle accepte les bouleversements de sa vie. Elle affronte seule avec trois enfants dont un bébé la police et les services secrets allemands de l'Abwehr qui recherchent son mari. Elle maintient du mieux qu'elle peut la cohésion familiale. Les enfants rencontrent leur père par épisodes, tantôt chez l'un, tantôt chez l'autre, les proches sont mis à contributions malgré les risques. Une vie dangereuse pour celle qui bénéficiait avant la guerre d'une honnête aisance grâce aux compétences de Jean qui était maître-ébéniste. Léonie est aussi courageuse que son mari, c'est une montagnarde, une caboche, une femme dure au mal. Elle tient ses enfants d'une poigne de fer, cumulant autorité et défense parce qu'elle n'a pas d'autre choix. Elle ne peut que redouter la catastrophe finale sans savoir quand elle arrivera et si elle réussira à sauver ses enfants du désastre.

Le drame se produit le 28 janvier à Pouilly-sur-Saint-Jeoire, chez les parents de Léonie qui se trouve sur place avec ses enfants. Jean Carrier a été dénoncé et quatre-vingts SS croates arrivent en renfort des troupes de l'Abwehr dans le hameau avec une seule consigne : pas de survivant.

Léonie sautera du dernier étage de la maison avec Jean-Claude dans ses bras, elle en gardera pour toujours un handicap suite à des blessures à la colonne vertébrale.

On ne retrouvera rien de Jean Carrier à part son arme et sa montre.

Jean Carrier a été nommé Compagnon de la Libération par le décret du 20 janvier 1946.

L'impact de cette tragédie sur cette famille se fait encore sentir de multiples façons et montre les répercussions infinies de ce traumatisme. C'est comme une étendue d'eau calme en apparence mais dessous il y a des courants qui remuent la boue encore et encore. C'est la raison pour laquelle les membres de la maison Carrier apparaîtront dans deux nouvelles de ce recueil.

Jean-Claude était le plus jeune des trois frères Carrier, celui qui n'a pas de souvenirs de son père, pourtant c'est lui qui a repris le flambeau pour faire reconnaître l'importance du travail de son père dans la Résistance. Je l'ai rencontré lorsque je travaillais sur la biographie de Louis Favre, lors d'une conférence où il présentait les différents mouvements de Résistance dans notre région. Sans me connaître il m'a ouvert ses archives et a répondu à toutes mes interrogations avec une générosité et une patience sans failles. Jean-Claude est un puits de connaissances sans fond sur l'histoire de la Résistance. Il a été l'administrateur de l'Association des familles de Compagnons de la Libération et à ce titre il a eu accès aux archives militaires longtemps avant qu'elles deviennent accessibles aux autres chercheurs. Ses archives constituent un fonds exceptionnel pour les chercheurs.

Petit à petit nous avons développé des liens d'amitié et Jean-Claude m'a livré des souvenirs particulièrement vivaces de son enfance concernant les difficultés et le courage de sa mère dans les années qui ont suivi la guerre.

Il avait un souvenir très précis des magnifiques fêtes de l'hôtel de l'Arquebuse au moment de Noël. L'histoire des chaussures rouges et marron est gravée dans sa mémoire mais aussi François Simon et sa femme Jutta qui l'ont accompagné affectivement jusqu'à la fin de son adolescence.

Les souvenirs de Jean-Claude forment la chair de cette nouvelle.

Par contre Jean-Claude ignorait comme sa mère qui étaient ces Suisses membres de *la France Libre de Genève*. On accepte la main qui se tend sans se poser de questions. Après recherches et collaboration d'une amie franc-maçonne, il s'avère que l'hôtel de l'Arquebuse était un haut lieu de la franc-maçonnerie genevoise. Le but de ces francs-maçons était de faire le bien en toute discrétion.

L'école des Marmousets de Ferney-Voltaire a été créée pour aider les enfants orphelins de la guerre et leurs familles dans l'Ain ; du côté de la Haute-Savoie il n'y a pas eu d'école mais une aide régulière des veuves jusqu'à ce qu'elles aient réussi à surmonter leur traumatisme et leurs difficultés. Elles n'ont jamais su qu'elles devaient un secours si essentiel à une organisation franc-maçonne.

Je ne sais pas si les familles qui accueillaient les enfants faisaient partie de la franc-maçonnerie ou s'il s'agissait d'un simple acte de charité bien que je penche plutôt pour la première solution.

Le capitaine SS

Il fait si chaud, et cette lumière étrange, ce jaune bizarre dans le grenier au milieu de la nuit, et ces cris secs, des gens qui s'interpellent, le choc mat des balles, Léonie voit le gros pull gris de Jean, celui qu'elle lui a tricoté l'année avant la guerre, elle voit le dos penché de son mari là-haut, sur le faîte du toit. Il est armé d'un mousqueton. Il tire pour tuer. Elle le sait. Ils vont tous mourir, elle, Jean et le petit, vingt-deux mois, serré contre son cœur. Elle ne peut pas bouger, elle est comme paralysée, le bébé hurle de terreur, la chaleur, les explosions, les poutres qui s'effondrent, « Saute, Léonie ! » Et le visage d'un homme coiffé d'une casquette à tête de mort penché devant elle.

L'officier SS est encore revenu hanter Léonie cette nuit.

Dans la chambre des enfants elle entend les pleurs de détresse de Jean-Claude et Léonie sait que les cauchemars du petit ressemblent aux siens. Le bruit. La lumière, cette lumière étrange des bombes au phosphore qui ne ressemble à aucune autre. Elle espère seulement que le reste n'a pas imprimé sa marque dans son cerveau de bébé.

Les caches incertaines, la clandestinité, les retrouvailles de Jean avec ses trois garçons, la colère la gagne quand elle y pense : jamais elle n'aurait dû accepter une vie pareille, elle a mis ses enfants en danger, elle ne se le pardonne pas.

Jean-Claude était né au printemps 42, une folie que ce troisième enfant mais on ne choisit pas. « On lui donne mon prénom, question de continuité. » Elle n'avait rien dit. Ils savaient tous les deux que cette histoire de Résistance risquait de mal tourner. Jean était recherché par la police de Vichy pour menées antinationales et il venait d'entrer dans la clandestinité.

Ce bébé ne devait jamais connaître son père. Un moment ici, puis l'absence, « Il a encore poussé ! » Et la police qui vient la menacer, les deux grands qui comprennent vite que leur père fait des choses dangereuses. Les caches. Les retrouvailles. La menace, tout le temps. Des jours sauvés de la violence par sauts de puce et les enfants qui grandissent.

Pourquoi avait-elle accepté une vie pareille ?

Ils étaient arrivés chez ses parents à Pouilly le jeudi 27 janvier 44. La maison des parents, la grosse ferme mitoyenne où elle était née, allait accueillir la famille pour quelque temps, elle ne savait pas combien de jours mais elle avait l'habitude désormais de cette vie incertaine et les garçons aussi. Ils vivaient l'aventure avec excitation, un vrai jeu. Elle ne les détrompait pas.

L'énorme bâtisse avait fière allure, son père l'avait rénovée et embellie au tout début de la guerre, il avait même fabriqué une sorte de trottoir tout autour de la maison avec les restes du béton. Une ferme avec un trottoir, quel luxe ! Dans l'autre partie vivaient les Parchet, plus exactement la dernière génération de Parchet, un jeune couple dont la femme venait juste d'accoucher. Un mauvais accouchement, lui explique la mère de Léonie, elle est très faible et sa petite bien fragile... La mère est en grand deuil, quelques mois plus tôt le père est mort et Léonie et sa sœur essaient de venir le plus souvent possible. Cette fois c'est Léonie qui est venue en famille, comme si c'était une visite ordinaire alors que son mari est recherché par toutes les polices, la française et l'allemande, que sa tête est mise à prix pour une somme énorme. La grand-mère n'a pas encore appris à dire « je », le deuil est trop récent. Femme en noir, mais rassurante, Léonie en oublierait presque la guerre pour s'adonner au chagrin.

Après-midi calme ; les garçons jouent à la guerre, reçoivent une gifle de leur mère, « Allons Léonie, gronde doucement la grand-mère, tous les garçons du monde jouent à la guerre... » La soirée dans le *pèle*, la chambre principale de la maison chauffée par le poêle à bois, la tranquillité de cette soirée, elle s'en souviendra toute sa vie. Jean s'absentait, réapparaissait en silence, presque un fantôme. Elle n'aimait pas les façons qu'il avait désormais de se mouvoir en silence et d'apparaître et disparaître comme un lapin dans un chapeau de magicien. Le poêle ronronne dans le silence et la pénombre. Il fait très froid, la neige s'envole dans la bise, de la poudreuse légère qui met du rouge aux joues de Robert et Georges, ses deux aînés. Déjà il leur faut rentrer, les montagnes ont viré au violet, un bref coup à la porte et quelqu'un entre, pas le temps d'avoir peur c'était la sœur de Léonie et sa fille aînée qui avaient profité de la voiture d'un client de la quincaillerie de Thonon pour rendre visite à la mère. Joie de part et d'autre, les petits n'ont pas souvent l'occasion de voir leur cousine depuis la guerre, tout le monde est content. Tout le monde autour de l'imposant poêle à bois qui remplit la pièce à vivre de sa présence dodue et de sa chaleur. La grand-mère prépare une grosse soupe à l'oignon pour tout ce monde, on parle, on parle, il fait nuit, la chaleur du poêle et de la famille, l'engourdissement, le bien-être, les enfants n'ont pas envie de se coucher, le temps passe.

Il est onze heures, tout le monde se prépare pour la nuit.

C'est là que ça a commencé. Cette épouvantable nuit du 27 au 28 janvier 44.

Les rafales de mitrailleuse contre la maison. Les cris. Le bébé s'est mis à hurler. À la première salve de détonations Jean a grimpé dans les étages, au troisième, là où on entassait le bois et où il avait caché des armes. Léonie a pris Jean-Claude dans les bras et a suivi Jean. Un geste idiot, dangereux et instinctif. Elle l'avait suivi. Elle a essayé de redescendre vers le reste de la famille mais une balle lui a éclaté net le peigne en écaille de son chignon, elle n'avait pas le choix, il lui fallait remonter dans le grenier.

Jean tirait depuis la lucarne du toit, les trois mitrailleuses en face n'arrêtaient pas, un bruit d'enfer, et le petit qui hurlait, serré contre elle, et puis une bombe au phosphore et une lumière étrange, cette lumière qui les poursuit depuis dans leurs cauchemars, le petit et elle. Le feu. Instantané dans la réserve de bois. La chaleur. Les flammes. Les balles.

— Saute avec le petit, Léonie, saute !

Elle hésite un instant, les balles, les SS, la terreur et le petit corps qu'elle serre contre elle, le noir et les silhouettes qu'elle devine, un craquement plus important : une poutre maîtresse vient de s'écrouler. Elle saute dans le vide.

L'atroce douleur dans le dos : elle est tombée sur le béton du trottoir. Mais elle tient toujours Jean-Claude. L'officier SS se penche sur elle, casquette à tête de mort et cheveux gris, ils vont mourir tous les deux, elle et le petit.

— Sauvez-vous ! ordonne-il, vite !

Elle se relève, élancements fulgurants, elle clopine pleine de douleurs vers le bois, dans la nuit, en direction opposée du hameau qui flambe, elle ne voit rien, ne sait rien, ses enfants, sa nièce, sa sœur, elle ne sait rien, elle s'enfonce dans la nuit, le petit dans ses bras. Elle entend le bruit que fait le toit de la maison de ses parents qui s'écroule, elle se retient de crier pendant que le petit s'arrête de pleurer. Il s'est endormi d'un coup.

Elle, en chemise de nuit dans les bois, pieds nus, avec son petit serré contre elle, le froid sec, la poudreuse, elle qui se cogne contre les cailloux et les épines, elle ne sent plus ses pieds ni son dos, elle avance entre les arbres. Aux premières lueurs du matin elle entrevoit une maison, s'approche. Léonie a parcouru deux kilomètres et demi en zigzags dans la nuit. Elle se trouve chez un fabricant de bois et de sabots qui porte lui aussi le nom de Carrier.

On n'a rien retrouvé de Jean à part son arme et sa montre.

Tout a brûlé. Tout le hameau de Pouilly. Le massacre de tous les hommes, onze morts, et un tout petit bébé de deux jours, la petite des voisins qui n'a pas survécu à l'exposition au froid. Les hommes n'étaient pas tous des résistants, certains avaient eu seulement le tort de se trouver là, comme le père de la petite, le jeune Parchet qui avait dormi sur la paille à l'écurie pour ne pas déranger sa femme lorsqu'il irait soigner les bêtes. Affreusement torturé avant d'être abattu. Et les villageois abattus sur le seuil de leur porte. Onze hommes dont quatre résistants. Et le hameau incendié en représailles.

Les SS croates avaient pour mission de « nettoyer » le village mais leur capitaine, en flagrante contradiction avec les ordres reçus, a épargné les femmes et les enfants.

Où est-il, cet homme qui a sauvé la vie de vingt-quatre personnes ? Presque toutes les nuits il se penche sur elle, la regarde et lui ordonne : « Sauvez-vous ! »

Elle se réveille le cœur battant, elle tourne et retourne dans son grand lit jusqu'à ce qu'une lueur grise filtre à travers les volets.

— Oublie cet officier SS, Léonie, tu te fais du mal.

— Tu ne comprends pas, Jean... Cet homme nous a sauvé la vie deux fois, aux enfants et à moi, je veux le remercier, lui écrire.

— Je comprends très bien : oublie-le, Léonie. Je ne sais pas où il se trouve, je peux juste te dire que c'était un capitaine tchèque, mais il s'est volatilisé du jour au lendemain après le massacre de Pouilly. Personne ne sait ce qu'il est devenu. Peut-être envoyé sur le front de l'Est...

Léonie n'a pas beaucoup d'amis dans le village, elle n'en cherche pas d'ailleurs. Mais parmi les résistants de la première heure, pas ceux qui se pavanent et content leurs exploits imaginaires, les vrais, ceux qui se taisent, elle compte des amis indéfectibles.

Parmi eux le maire d'Annemasse, Jean Deffaugt. Pendant la guerre Jean avait été nommé maire d'Annemasse par Vichy mais le préfet s'était trompé, cet homme-là était un vrai patriote. Des années de double-jeu avec les Allemands, marchandant, servant de messager pour les personnes emprisonnées au Pax, la redoutable prison de la Gestapo. Jean est la seule personne à avoir eu ses entrées partout, à avoir été au courant de tout. Il a risqué sa vie avec un sang froid absolu pendant des années et certains de ses administrés murmurent pourtant qu'on voyait souvent des Allemands chez lui, vous voyez ce que je veux dire... Jean ne s'est jamais justifié : il n'avait pas à le faire.

— Oublie cet officier SS, Léonie, tu te fais du mal.

Printemps 49. Léonie vient faire ses courses à Annemasse ; comme d'habitude elle entre dans le magasin de tissus de son ami Jean Deffaugt. Jean l'attendait, il lui sourit et l'embrasse.

— Si on allait prendre un café dans mon bureau, Léonie, je te trouve bien chargée et bien fatiguée !

Le petit homme rond l'enveloppe de chaleur et de bavardages, ils montent à l'étage, elle s'assied sur le fauteuil pendant qu'il arpente la petite pièce, observant les passants dans la rue du Commerce puis revenant à son bureau pour retourner à la fenêtre. Enfin il se lance :

— On a retrouvé un charnier dans la cour du Pax il y a quelques mois, tu as dû voir ça dans les journaux. Et parmi les corps, celui d'un homme qui avait un médaillon autour du cou avec le portrait de sa femme. Le capitaine SS qui t'a sauvé la vie, Léonie.

Et Jean se met à expliquer ce qu'il ne pouvait dire à Léonie tant qu'il n'avait pas de certitudes. Il connaissait l'officier tchèque, un homme réservé et distingué qui ne ressemblait pas aux brutes qu'il commandait. Un jour celui-ci lui avait expliqué qu'il avait été colonel dans l'armée tchèque avant de devenir officier de l'armée allemande, il lui avait montré son médaillon : sa femme lui manquait, elle se trouvait en sécurité dans les environs de Prague avec leurs trois enfants, ils étaient protégés par la Wehrmacht. *Protégés...* Jean avait compris. Ils s'étaient regardés tous les deux, ensuite le capitaine avait remis le médaillon sous sa chemise.

Le jour-même du massacre de Pouilly le capitaine avait reçu une lettre qu'il avait laissée bien en évidence sur son bureau. Une femme de chambre l'avait subtilisée et Jean l'avait recopiée avant qu'elle la remette en place. La famille de l'officier tchèque avait été exécutée. Il n'avait plus aucune raison de vivre et de faire ce qui heurtait tous les jours son sens de l'honneur.

— Trois garçons ?

— Oui, trois garçons. Il n'y a plus personne à remercier, Léonie, le capitaine savait ce qu'il faisait. Et plus de famille à remercier non plus. Si quelqu'un reste, frère ou sœur, je ne sais pas, l'Histoire est un rouleau compresseur dans cette région. Oublie-le, Léonie.

Trois garçons ! Léonie se souvient très précisément de la première fois où elle a vu l'officier SS. C'était le trois décembre 1943, il était venu pour arrêter Jean. Six heures du matin. Quelqu'un avait frappé contre la porte du poulailler et le caquetage puissant des poules affolées l'avait réveillée, elle avait tout de suite fourré Jean-Claude au milieu de Robert et de Georges, le bébé ne s'était même pas réveillé mais les plus grands, dans un demi-sommeil, avaient compris qu'il se passait quelque chose et d'instinct avaient couvert leur cadet.

Les soldats allemands cernaient la maison. Léonie leur avait ouvert en chemise de nuit ; aussitôt les soldats l'avaient bousculée et s'étaient engouffrés dans la cuisine. L'officier qui les commandait avait pénétré dans la pièce à son tour, inclinaison de tête avant de lui signifier en un français très pur qu'il cherchait son mari, Jean-Claude Carrier, suspecté de terrorisme.

C'était un homme d'une bonne quarantaine d'années, grand, impressionnant dans son uniforme gris-vert. Elle avait soutenu son regard, très calme en apparence, mais à l'intérieur ça tapait fort, les enfants, ils pourraient s'attaquer aux enfants, elle avait eu froid tout à coup, elle avait serré son châle de laine contre elle.

— Mon mari n'est pas là et je ne sais pas où il se trouve, vous pouvez fouiller la maison si vous voulez, il n'y a que moi.

C'est à ce moment-là que Robert et Georges s'étaient mis à crier, elle s'était précipitée mais un soldat l'avait retenue. Le bébé s'était mis au diapason des deux autres et elle ne pouvait pas le rassurer.

L'officier a écarté les soldats, il s'est approché du lit, a sorti une tablette de chocolat de sa poche. Du chocolat ! Les yeux des gamins se sont mis à briller. Il a tendu une barre à Robert puis à Georges :

— Il est où ton papa ?

Georges a pris le temps de manger le chocolat, à huit ans et demie du chocolat cela ne se refuse pas ; Robert, bientôt onze ans, n'a pas touché la barre.

— On sait pas...

— Si je te donne encore du chocolat, tu sauras ?

Les yeux qui brillent et puis se ternissent, la tête qui se baisse.

— On sait pas.

À ce moment-là deux soldats à bout de patience ont posé leur mitraillette sur le ventre des aînés et leurs hurlements de terreur ont provoqué ceux du bébé :

— Arrêtez ! a ordonné l'officier, vous voyez bien qu'ils ne savent rien ! Rendormez-vous, les enfants, n'ayez pas peur...

Voix douce, une voix de père, elle en était sûre.

Elle se tenait sur le seuil de la chambre, ça criait en dedans mais rien ne sortait. Retour dans la cuisine, les hommes fouillaient, retournaient tout dans leur rage d'échec, pendant que l'officier l'observait.

— Madame préparez votre valise, on vous emmène en déportation en Allemagne.

Elle n'avait même pas sursauté, c'était inéluctable que cela tourne en catastrophe, Jean était trop impliqué dans la Résistance pour que cela ne leur retombe pas dessus. Et elle a entendu les sanglots de ses enfants.

— Vous avez vu mes enfants ? Le bébé ? Comment va-t-il survivre si je ne suis plus là ?

Un instant de flottement puis l'officier SS a fait le tour de la table, le dos tourné contre les soldats, il lui a mis la main sur l'épaule et a crié très fort :

— Si dans quarante-huit heures vous n'avez pas livré votre mari vous serez déportée en Allemagne avec vos enfants !

Le ton très dur qu'il venait d'employer contrastait avec ce que disaient ses yeux : *Sauvez-vous ! Emmenez les enfants !*

Et il s'était éloigné en claquant les talons, sans un regard.

Il venait de lui sauver la vie pour la première fois. Elle était partie avec les enfants chez sa mère en attendant que les choses se tassent. Mais elle avait eu tort, elle aurait dû suivre le conseil de l'officier SS, pas seulement fuir la maison mais quitter son mari, le temps que la guerre finisse. Elle aurait dû emmener les enfants très loin de la peur, des caches incertaines que l'on doit quitter tous les deux jours, elle aurait dû fuir l'engrenage, Jean de plus en plus important dans la lutte armée, et plus il était important plus la somme promise pour sa capture enflait. Un jour ou l'autre quelqu'un céderait à la tentation.

Le capitaine SS regarde son reflet dans la glace, jette un dernier regard sur le médaillon qui ne le quitte jamais, l'embrasse une dernière fois avant de placer le visage de sa femme contre sa peau, boutonne sa chemise, sa veste et pose sa casquette de parade sur la table, visière noire et tête de mort.

Il est né dans un puissant empire qui a disparu, à une époque où l'Europe se parcourait sans passeport, Paris, Vienne, Trieste, éducation cosmopolite et libérale avant l'école militaire. Il a appris le français et la poésie de Verlaine avec une jeune gouvernante aux yeux noirs, premiers frémissements de son âme et sensualité mélancolique de ces vers mystérieux. Et puis la discipline, code d'honneur et camaraderie. Et puis mariage et enfants, un chemin de droiture jalonné par son appartenance à la haute-bourgeoisie de la Mittel Europa.

Les aléas de l'Histoire l'ont fait passer de l'empire austro-hongrois à la Tchécoslovaquie sans que cela influe sur sa carrière ; en 1938 il était colonel de l'armée tchèque. Mais voilà l'invasion des Sudètes, et l'ordre des Alliés de ne pas se défendre, et pour finir l'invasion des troupes allemandes le 21 mars 1939. Une grande partie de ses camarades de promotion avaient été exécutés dès la semaine suivante.

Il ne savait pas à quoi ou à qui il avait dû la vie sauve : sa connaissance intime de l'allemand et du français ? Sa femme et ses trois enfants, formidable moyen de pression ? Dans un premier temps il avait été enrôlé dans la Wehrmacht, rétrogradé au rang de capitaine puis incorporé à partir de 1943 dans la Waffen SS. Sa femme et ses trois fils restant otages dans les environs de Prague.

Le capitaine éteint la lumière de la chambre d'hôtel, beaucoup de bruit dans la cour, l'effervescence des hommes, les éclats de voix en serbo-croate, les rires et les moteurs qui ronflent. Ils ont du travail ce soir et la meute s'excite avant la poursuite du gibier.

Il revient en arrière, met la lettre qu'il a reçue l'après-midi bien au centre de la petite table qui lui sert de bureau avant de descendre dans la cour où les hommes se mettent au garde-à-vous. C'est l'heure. Il relit une dernière fois la lettre officielle lui annonçant la disparition subite, suite à une épidémie, de sa femme et de ses trois garçons. Une épidémie ! Le capitaine émet une sorte de bruit de gorge, un mélange entre le rire et le râle. Il n'a plus aucune raison de faire ce qui heurte tous les jours son sens de l'honneur.

Les hommes s'entassent dans les camions derrière sa voiture, quatre-vingts jeunes brutes dans la nuit, en colonne dans la ville d'Annemasse, le convoi se dirige vers la montagne, la nuit est glacée, le ciel clair, la lune brille,

Au calme clair de lune triste et beau,
Qui fait rêver les oiseaux dans les arbres

Cela lui revient, le quatrain de Verlaine sur le clair de lune, un nocturne de Chopin aussi, et la boule dure qui lui enserre la gorge depuis des heures menace d'imploser.

Dans la voiture qui précède la sienne, il devine à peine la silhouette de Raoul Cevey, un Suisse naturalisé Allemand, un être immonde pire que les gamins sauvages placés sous ses ordres. Un civil des services secrets qui commande l'opération, une humiliation de plus pour un homme de tradition militaire comme le capitaine. Ils doivent « nettoyer » les lieux où un terroriste s'est caché. Il ne doit rien rester, pas une maison, pas un être humain vivant et cela le fait osciller entre nausée et rire nerveux devant les coups tordus de la destinée.

Au calme clair de lune triste et beau...

Le capitaine contemple la nuit glacée.

Il sait qui est Jean-Claude Carrier, l'homme recherché ; le hasard lui a fait rencontrer sa femme et ses enfants, quelques semaines plus tôt.

Il était venu surprendre dans son sommeil cet homme dont la tête était mise à prix. Il avait pesté contre l'erreur de l'homme qui avait réveillé les poules en frappant à la porte du poulailler, mais la nuit noire et les nuages avaient transformé l'ensemble des bâtiments en masse confuse. Quelle importance ? l'ensemble des bâtiments était cerné, il ne pouvait s'échapper. Une porte s'était ouverte sur une femme en chemise de nuit, elle soutenait son regard, très calme ; malgré ses longs cheveux défaits surpris sur l'oreiller et sa chemise de nuit de pilou, elle serrait son châle de laine contre elle avec une dignité qui forçait son admiration.

Cette femme pleine de sang froid et de courage ressemblait à la sienne, celle dont le portrait dans le médaillon ne quittait pas son cœur. La dignité et le courage ne connaissent pas de frontières. Et les trois garçons qu'il avait découvert en train de hurler de terreur dans la chambre d'à côté avaient l'âge des siens.

Au calme clair de lune triste et beau...

Sources

Jean-Claude Carrier, bien sûr. Il m'a parlé des rêves qui l'ont poursuivi une grande partie de sa vie, de cette étrange lumière dans ses cauchemars, la lumière et la chaleur.

Il a relayé ce que sa mère a enregistré de cette période, et si l'officier SS qui leur a sauvé la vie a longtemps poursuivi Léonie je dois ajouter que Jean-Claude se sent encore une dette morale qu'il ne pourra jamais régler envers cet homme.

J'ai essayé de transcrire le plus fidèlement possible ce que Léonie a dit à son fils, tous ses souvenirs de cette terrible nuit mais aussi ce que Jean Deffaugt lui a révélé concernant l'officier SS. Je n'ai rien inventé, seulement essayé de rendre cette nuit de terreur.

Par contre j'ai inventé la vie de l'officier tchèque dont la seule chose que je connaissais en dehors de sa nation d'origine était qu'il avait trois garçons. Les sentiments de cet officier, Verlaine et la francophilie me sont venus de manière instinctive, création d'écrivain car aucun témoignage n'était possible. J'ai voulu rendre hommage à un homme broyé par l'Histoire qui a sauvé vingt-quatre personnes et dont personne ne saura jamais rien.

Le bouquet de fleurs

25 août 1949

Elles sont descendues de la micheline, la plus jeune d'abord puis elle a tendu la main et la deuxième est descendue avec précautions avec quelque chose qui scintillait au soleil dans les bras. Un gros bouquet de fleurs enveloppé de cellophane. La mère et la fille, cela se voyait à cet air de parenté, plus même, une sorte de dédoublement à un quart de siècle d'écart : même silhouette, mêmes cheveux blonds, même allure dans leur tailleur gris. La jeune fille portait un chemisier rose tendre et sa mère presque le même en coton blanc. *Des dames* a pensé le jeune préposé de la SNCF plein d'émoi. *Deux frisées* a murmuré le chef de gare.

Elles avaient l'air fatigué, surtout la mère avec ses grands cernes noirs sous les yeux. Elle serrait contre elle le gigantesque bouquet, des glaïeuls rouges, au moins une douzaine de tiges.

Il faisait très chaud, des mouches bourdonnaient dans l'air et s'excitaient de la sueur qui perlait sur le front et au-dessus des lèvres de la mère, elle s'arrêta pour les chasser, jeta un coup d'œil circulaire sur la petite gare de ce gros bourg endormi du département de l'Ain. Deux quais vides, une sensation écrasante de chaleur et de solitude. Tout le monde s'était réfugié dans les maisons, quatre heures de l'après-midi et pas un souffle d'air. Où aller maintenant ?

Le jeune Desbiolles s'approcha en rougissant.

— Est-ce que je peux vous être utile, mesdames ?

La dame âgée ne semblait pas comprendre mais la plus jeune lui sourit :

— Nous venons de loin ma mère et moi. Nous désirons nous rendre à l'endroit où mon père a été tué. Je suis la fille du capitaine Hermann.

Elle n'a pas dit son nom de famille, si compliqué pour des oreilles françaises que tout le monde appelait son père par son prénom. Cela lui plaisait beaucoup, *Je me sens un peu d'ici comme ça, et de toute façon ils n'arrivent pas à prononcer mon nom.*

Le petit Desbiolles pâlit si violemment que les deux femmes se demandèrent s'il faisait un malaise puis il bredouilla :

— Le chef pourra vous renseigner... et il s'enfuit comme s'il avait rencontré le diable.

Claude avait quatorze ans au moment des événements de la libération du village, encore un gamin, mais ce qui s'était passé pendant cet été 44, personne n'arrivait à l'oublier.

Le chef de gare a compris ce que les deux femmes sont venues chercher. Il fallait bien que cela arrive un jour... Il visse sa casquette de fonction sur la tête malgré les marques que la transpiration va occasionner et il enfile son gilet pour plus de solennité. Ensuite il les rejoint sur le quai, lentement, traînant une jambe raide derrière lui. Il s'arrête à un mètre d'elles, prend du temps pour les observer : le chapeau de la mère, la tête nue de la fille, la blondeur germanique parsemée de cheveux blancs chez la plus âgée. Il évite leur regard, il a juste noté qu'elles ont les mêmes yeux bleus profond. Les mouches reviennent à la charge.

— La famille du capitaine Hermann, si j'ai bien compris. Je ne sais pas où votre père a été tué et je ne sais pas si quelqu'un pourra vous renseigner, tout le monde veut oublier la guerre, vous savez...

— Mais pour nous c'est important : nous voulons nous rendre à l'endroit où il a été tué, comprendre ce qui s'est passé.

L'accent de la jeune fille devient plus guttural avec la montée de l'anxiété.

— Je comprends. Mais vous devriez repartir avec votre mère, mademoiselle, il ne faut pas remuer le passé. Oubliez la guerre. La micheline revient en sens inverse dans deux heures. Je peux vous offrir un rafraîchissement en attendant.

— Merci pour votre proposition.

Il sent le sarcasme dans la réponse, mais il ne s'en offusque pas. Les deux femmes échangent quelques mots et quittent la gare sans se retourner, la jeune fille devant, d'un pas résolu. La mère suit d'un pas lent, hésitant, lourd de fatigue et d'incertitude puis son regard s'illumine :

— Là ! Regarde !

Elle pose le bouquet sur les bras de sa fille et sort une carte postale pliée en deux de son sac. ***, *La Place de la gare et l'Hôtel Terminus.*

— C'est là qu'il logeait avec ses soldats, le patron va pouvoir nous renseigner, ton père disait qu'ils étaient devenus amis. Attends que je reprenne ce qu'il avait écrit. Voilà : *Émile, le patron de l'Hôtel Terminus, est un très brave homme. Il a compris que je voulais attendre la fin de la guerre sans dommage pour les Français ni pour mes soldats, la bande de gamins sous mes ordres. Le soir il nous arrive de jouer à la belote, un jeu d'ici que j'ai appris.*

Et cette fois c'est elle qui avance d'un pas décidé avant que sa fille la rattrape. La jeune fille connaît cette lettre par cœur. Une des dernières que son père a écrites deux mois avant sa mort. L'hôtel Terminus est grand, plutôt sombre avec ses banquettes bordeaux et ses tables en bois lacérées d'inscriptions au couteau. Aux fenêtres à petits carreaux des rideaux autrefois blancs semblent empesés de poussière. Tout est gris dans la salle, gris et sombre et hostile comme le silence qui s'est installé dès qu'elles ont poussé la porte.

Quelques hommes âgés jouaient aux cartes et plaisantaient à une table du fond quand ils ont vu Hilke. Ils se sont arrêtés, geste suspendu, les yeux concentrés sur leur bock de bière vide. Derrière son comptoir de zinc, le patron les regarde s'approcher en essuyant un verre. Il ressemble à la description humoristique qu'en a fait Hermann et qui les a tant fait rire toutes les deux : *un moustachu à la bedaine si imposante qu'il pourrait flotter, une barrique ambulante réclame vivante de sa profession.*

— Monsieur Émile ?

L'homme a frémi en entendant son prénom et lève enfin les yeux vers les deux femmes. Hilke a la nette impression qu'il sait déjà qui elles sont, que toute cette petite ville, ce gros bourg campagnard plutôt, est au courant de leur présence et se ligue contre elles sans qu'elle sache pourquoi.

— Oui ? Qu'y a-t-il pour votre service ?

— Ma mère et moi sommes à la recherche de l'endroit où le dernier capitaine allemand a été tué fin août 44, nous ne connaissons pas exactement le jour. Nous voulons déposer des fleurs et essayer de comprendre comment cela a pu se produire.

Instinctivement elle n'a pas donné le nom de son père, seulement sa fonction. L'homme est tendu, il refuse de regarder les deux femmes fatiguées et s'obstine à chercher une trace sur le verre. Un flottement, une tension.

— Pouvons-nous avoir un café s'il vous plaît ? Ma mère est épuisée par le voyage...

Il fait un signe du menton en direction de la table la plus proche de la porte.

Le silence. Quelque chose d'hostile. Greta pose le bouquet de glaïeuls sur la table, tout ce rouge sur cette table brune, et le malaise, et le silence. Le patron revient avec deux cafés sur le petit plateau publicitaire en métal jaune. Il tourne le dos aux autres clients, prend son temps pour poser les cafés et le sucre. Il murmure :

— Hermann était un brave homme... mais je ne peux pas vous aider, je regrette. Retournez à la gare, je vous ferai parvenir des rafraîchissements et une collation pour le voyage.

Hilke sort son porte-monnaie mais le patron lui fait signe que non, il ne veut pas de son argent. Il regarde les deux femmes, il a l'air triste.

— Émile ! Un demi ! Tout de suite !

La voix sèche des joueurs de cartes. Personne ne veut qu'il leur parle.

— Allons-nous-en, Hilke, je ne me sens pas bien dans cet endroit.

Greta est au bord des larmes. Les deux femmes boivent leur café à la hâte, Greta reprend son sac et le bouquet de glaïeuls avant de se lever sous le regard des hommes. La voix de la jeune fille tremble lorsqu'elle se tourne vers les consommateurs juste avant de sortir :

— La guerre est finie, messieurs.

Et elle claque les talons en signe de défi.

Où aller ? La chaleur les cueille à peine la porte refermée. Une chaleur intense, gluante, qui leur tombe sur les épaules et leur enserre les jambes. Le macadam est brûlant ; à une centaine de mètres la route forme un coude et laisse apercevoir les ramées d'un arbre. Elles se dirigent en automate vers l'ombre et se retrouvent sur une petite place bordée de platanes sur trois côtés ;

sur le quatrième, devant la mairie aux murs ornés de drapeaux français, murmure une fontaine. Elles s'assoient sur l'unique banc et la mère pose son bouquet. Le doux bruit de l'eau les apaise et les rafraîchit, met à distance le souvenir de l'hôtel Terminus. Personne, pas un enfant qui joue ou un vieillard qui médite sur la place, rien que leur solitude et le silence. Elles observent un peu mieux la mairie : c'est un grand bâtiment qui sert aussi d'école, à droite il est écrit *Mairie* et à gauche *École primaire*. Et au-dessus chaque fois le drapeau français comme une bravade ou un rappel de la victoire. Le bâtiment, la cour et le préau sont parfaitement silencieux. Ont-elles eu raison de venir fin août ? Ce triste anniversaire qu'elles ont tenu à célébrer leur semble malsain, angoissant tout à coup.

— À la mairie ils doivent savoir... Obligatoirement.

La voix tremblante et obstinée de Greta.

Hilke essaie de mettre la demande de sa mère à distance, elle se concentre sur le bruit de la fontaine, la chaleur, le vrombissement des mouches. C'est vraiment une toute petite ville, paisible et endormie. Tout respire la paix. Hilke sent quelque chose se tordre dans son ventre. Paisible, vraiment ? Pourquoi son père, cet homme si francophile, si posé, si accommodant est-il mort ? Il vivait avant la guerre une existence rythmée par ses responsabilités au *gymnasium,* les soins à ses rosiers et à ses glaïeuls. Il était si fier de ses glaïeuls rouges ! Une vie de petit bourgeois installé dans un quartier un peu endormi de Brême. Hilke pense aux bombardements. Pendant trois ans presque toutes les nuits, c'est quoi dormir dans un lit ? c'est quoi une nuit sans sirènes hurlantes ?

Le silence, le bruit de la fontaine, les fleurs rouges sur le banc et sa mère qui semble sur le point de s'endormir.

Lorsque les Anglais étaient arrivés ils avaient trouvé une ville en ruines. Leur maison était écroulée jusqu'au rez-de-chaussée, dévoilant de manière indécente l'intimité de leur vie. Papier peint des murs. Cuisine. Salon avec les fauteuils pleins de gravats. Livres éparpillés. Piano éventré. Elles avaient logé à la cave pendant des mois, fouillant dans les décombres de quoi restituer un semblant de confort. Un lit. Des casseroles et un peu de vaisselle. Greta avait veillé le sommeil de sa fille toutes les nuits, un couteau à la main, tellement elle craignait les pillards et les violeurs. Ensuite les Américains avaient pris le contrôle de la ville et la reconstruction s'accéléra. Elles habitaient maintenant un deux-pièces dans un immeuble hâtivement construit. Elles ne se plaignaient pas, Hilke avait trouvé un poste de professeur de musique, mais elle n'aurait plus de piano : trop cher, trop rare, trop bruyant. Le dimanche avec sa mère, après avoir fait un tour dans leur ancien quartier où Greta s'obstinait à retrouver leur maison alors que tout avait été rasé, elles se rendaient au bord de la mer du Nord et observaient les bateaux. Greta ouvrait la boîte aux lettres deux fois par jour. Elle attendait une lettre de France, une lettre d'Hermann.

— Tout était désorganisé, une vraie pagaille ; c'est facile de confondre un militaire avec un autre, et puis il s'entendait tellement bien avec tout le monde, là-bas ! C'était devenu des amis, il voulait que nous y allions tous les trois après la guerre. Et il y a la Suisse juste à côté...

Elle sortait le paquet de lettres qu'elle connaissait par cœur pour calmer la déception de la boîte aux lettres vide. Alors Hilke avait économisé sous par sous pour payer le voyage, pour mettre sa mère en face de la réalité et connaître enfin la paix. Elles étaient parties depuis trois jours, dormant dans les trains et sur des bancs dans les gares. Elles étaient arrivées dans la petite localité française cinq ans jour pour jour après la mort du dernier capitaine de la Wehrmacht. Avec un bouquet de glaïeuls rouges, c'est le moment où ils fleurissaient dans leur jardin.

Lorsqu'il avait pris son poste en mars 44 tout le monde avait compris que cet homme-là n'était pas un fanatique et que la vie ne serait pas difficile. Il avait si peu l'air d'un militaire avec ses doux yeux de myope, son air d'intellectuel maladroit et paisible ! Il dirigeait ses soldats comme il conduisait sa classe, avec une autorité débonnaire. Les quelques quadragénaires qui complétaient le détachement lui donnaient un peu plus de mal : ils étaient portés sur la bouteille et faisaient du bruit la nuit.

Il attendait la défaite et le retour au pays, et le soir, une fois tout le monde couché, il faisait une partie de belote avec le patron du bistrot et des hommes de la région. Hermann les soupçonnait de faire partie de la Résistance locale et de le surveiller, mais il n'en avait cure. Il voulait simplement que ses hommes et lui-même rentrent vivants au pays sans laisser de trop mauvais souvenirs derrière eux.

En juillet ce fut plus tendu : une grande opération de la Wehrmacht contre les maquis du Haut-Jura et de l'Ain était en cours. Hermann était au courant des exactions des soldats contre la population : plus la fin de la guerre approchait et plus les horreurs se multipliaient. Hermann savait que c'était la dernière grande opération avant la défaite, mais celle-ci avait provoqué l'effervescence chez les jeunes dont il avait la responsabilité. Par prudence il interdit la bière et le schnaps, leur faisant faire tant d'exercices que le soir ils sombraient dans le sommeil. Les autres soldats regardaient, goguenards, les jeunes courir le long du Rhône pendant qu'ils surveillaient le fleuve. Comme leur capitaine ils attendaient les Alliés avec fatalisme et soulagement.

Et puis cela s'était accéléré. Ses toutes dernières lettres disaient qu'on se battait autour du pays de Gex et au Fort l'Écluse, que l'étau se resserrait et que bientôt tout serait fini. Il expliquait à mots couverts qu'il s'était renseigné discrètement pour passer en Suisse avec ses soldats : impossible. Ses compagnons de belote avaient sous-entendu que le passage d'un seul homme serait envisageable mais pas plus ; les maquisards veillaient. Il avait compris le message mais il était hors de question qu'il abandonnât ses soldats. Il fallait attendre le dénouement. Il ne savait pas quand il rentrerait à Brême, il serait certainement prisonnier de guerre, il leur demandait d'être patientes et les embrassait très fort.

Hilke se souvient de l'avis officiel qu'elles avaient reçu six mois après la fin de la guerre. Maintenant elles étaient là, avec leur bouquet de glaïeuls rouges, parce que Hilke veut que la vie reprenne, que sa mère cesse enfin d'espérer le retour de son père. Elles doivent se rendre à l'endroit où il a été tué, sa mère doit entendre ces Français que son père appréciait tant leur expliquer comment et pourquoi il a été tué. Elle doit entendre qu'il est mort, vraiment mort. Après la vie reprendra. Elle se lève du banc :

— Allons-y.

Il y a une salle de classe au rez-de-chaussée et il leur faut monter l'escalier à droite qui donne dans la salle de la mairie où elles sont accueillies par le portrait du président Auriol, lunettes d'écaille et petite moustache. Une grande table avec douze sièges occupe tout l'espace mais sur la droite, dans un espace vitré elles devinent une silhouette. Elles frappent deux petits coups discrets et la secrétaire de mairie leur dit d'entrer. Dans l'escalier, une respiration bruyante puis un homme d'un certain âge, un peu empâté apparaît dans l'embrasure de la porte vitrée. Il a ceint à la hâte une écharpe tricolore, le ruban s'enroule sur lui-même au niveau de l'épaule.

— Je ne peux pas vous aider, je ne sais rien. Je m'occupais de protéger la population, vous comprenez... tout s'est passé à l'extérieur du village...

Le maire regarde par la fenêtre.

— Personne ne pourra vous aider.

— Peut-être que de loin certaines personnes du village ont été témoins de ce qui s'est passé ? Nous avons besoin de réponses, ma mère surtout, elle ne comprend pas, elle ne vit plus...

Hilke pleure, elle ne se rend pas compte qu'elle supplie, Greta regarde le maire, il baisse les yeux.

— Je ne peux rien pour vous. Je regrette.

Hilke traduit pour sa mère. L'homme regarde le bouquet de glaïeuls, le sommet des tiges rouges commence à se flétrir.

Les deux femmes le regardent, il semble vouloir ajouter quelque chose puis se ravise.

Hilke soutient sa mère dans l'escalier, l'assied sur la dernière marche pour qu'elle reprenne des forces. Puis elles sortent, retournent sur le banc à l'ombre. Greta sort le paquet de lettres, dans l'une d'elles il y a un plan des lieux où Hermann a passé les six derniers mois de sa vie. Il a dessiné les lieux comme un enfant, gribouillis de vert pour les arbres, crayon bleu pour le fleuve, mais les noms des rues et les points cardinaux.

Elles se rendent vers le cimetière, elles ne trouvent pas sa tombe.

Elles quittent le village, longent une allée de peuplier et se retrouvent au-dessus du Rhône. Est-ce là ? Il devait surveiller les mouvements sur le fleuve, est-ce là ? Ou plutôt sur la place du village, au vu et au su de toute la population ? Dans le café ? Dans un champ ?

Elles se reposent un moment, Greta est épuisée. Il fait un peu moins chaud maintenant, une petite brise monte de l'eau, elles se laissent aller à la quiétude du lieu, s'assoupissent un moment puis Hilke regarde sa montre et sursaute : il est passé cinq heures.

— On va savoir, Mutti, on va savoir et on va les poser, ces fleurs, à l'endroit où Vati est mort ! Viens !

Hilke tend la main à sa mère et les voilà toutes les deux qui reprennent le chemin du bourg. Elles entendent des enfants qui se chamaillent, des femmes qui crient et des grondements de voix lasses.

Déjà elles sentent des regards sur elles, Hilke entend quelqu'un dire bien haut « Voilà les deux boches. » Elle redresse la tête, force sa mère à se tenir droite et elle sourit à la première personne qu'elle croise :

— Pardon madame, vous souvenez-vous du dernier capitaine allemand ?

— Jamais vu.

Et la femme fait rentrer ses enfants à coup de taloches avant de faire claquer la porte. Tout le long du chemin c'est la même chose, Hilke et Greta s'approchent, les portes se ferment les unes après les autres. Voilà l'Hôtel Terminus. La terrasse du café est pleine maintenant qu'il fait plus frais. Alors Hilke lâche le bras de sa mère, va au-devant des hommes, répétant sans cesse « Qu'est-ce qui s'est passé ? Nous avons le droit de savoir, pourquoi le capitaine est mort, pourquoi ? »

Les hommes se taisent et regardent la table ou le sol. L'étrangère crie maintenant :

— J'ai le droit de savoir ! Je veux savoir !

Greta s'approche de sa fille, la prend dans ses bras :

— Komm, Schatzi, komm...

Et elles s'en vont, la jeune femme sanglotant pendant que sa mère la console comme une toute petite fille.

Les hommes la regardent s'éloigner. Émile regarde les joueurs de cartes :

— On aurait dû leur dire qu'Hermann a été fusillé par les FFI devant la mairie...

— Et aussi que personne n'a levé le petit doigt pour le défendre ? Tu étais avec nous quand ça s'est passé, Émile. C'était la guerre. Une saleté de guerre. Si tu nous ramenais des bières ?

Elles sont toutes seules sur le quai. La micheline de 18 heures 02 est à l'heure. Le chef de gare ne contrôle pas leur billet. Quand le train a pris un peu vitesse, Hilke déchire le papier qui entoure le bouquet, prend les glaïeuls et les jette par la fenêtre. Cela fait comme du sang au bord de la voie.

Sources

J'ai rencontré beaucoup de monde après mes conférences sur Louis Adrien Favre, grand résistant et Juste Parmi les Nations ; l'émotion face au destin tragique de cet homme a suscité des confidences très intimes. Une personne m'a raconté l'histoire de ce capitaine à la fin de la guerre, très brave homme apprécié de tout le monde parce qu'il s'arrangeait pour qu'il n'y ait pas d'histoires avec la population. Au moment de la libération de cette petite ville de l'Ain de jeunes FFI sont arrivés très excités, ils voulaient « casser du boche ». Personne n'a levé le petit doigt pour défendre le capitaine à qui la petite ville avait dû sa tranquillité. Longtemps plus tard la femme et la fille du capitaine sont venues avec un bouquet de fleurs. Elles voulaient savoir ce qui s'était passé et poser le bouquet à l'endroit-même où leur mari et père avait été tué. Personne n'a accepté de les renseigner. Elles sont reparties avec le bouquet. Un tel moment de honte ne s'oublie pas mais tout le monde a le droit à l'anonymat, soixante-dix ans après les faits.

La surveillante

Elle s'appelle Lili Gresländer, rien à voir avec Lili Marleen lui dit-elle souvent avec ce qui lui semble un sourire, et Roswitha ne comprend pas l'allusion, elle est trop jeune pour ça, elle sourit vaguement en continuant à récurer les casseroles ou à nettoyer le sol.

L'aide à domicile n'arrive pas à lui donner d'âge : la vieille dame est tassée, cassée en deux et regarde tout le monde par en dessous comme si elle mijotait un mauvais coup. Roswitha ne l'aime pas. C'est la seule personne âgée de son groupe qui lui fait froid dans le dos. Ce n'est pas faute d'amabilités : madame Gresländer grimace des sourires chaque fois que Roswitha vient s'occuper d'elle, deux fois par mois seulement ; le reste du temps Gerda, la fille de la vieille dame, est payée par l'assurance pour s'occuper de sa mère. Ce qui veut dire que Roswitha a beaucoup plus de travail chez Lili Gresländer que chez quiconque, l'appartement et la vieille dame sont d'une saleté repoussante lorsqu'elle arrive.

Gerda Gresländer habite près de chez sa mère, un studio a-t-elle expliqué à Roswitha, un de ces logements de Kreuzberg à la limite du squat comme il y en a tant. La molle Gerda au regard épuisé est à la retraite depuis quelques années et elle a besoin de l'argent de l'assurance dépendance, raison pour laquelle elle s'occupe de sa mère. Mais que fait-elle exactement ? Lorsque Roswitha arrive, le premier et le troisième jeudi du mois, une puissante odeur d'urine la saisit à la gorge, le lit est souillé et les casseroles sales encombrent la cuisine. D'où les assauts de séduction de la vieille dame afin que l'aide à domicile ne dénonce pas sa fille pour prestations abusives. Roswitha se tait et essaie de ne pas respirer avant d'avoir ouvert la fenêtre ; laver la vieille dame ne fait pas partie de son cahier des charges, mais elle aide tout de même Gerda pour que l'infirmière ne porte pas plainte.

Lili Gresländer hait la jeune femme mais elle doit se contenir, sa fille lui fait la leçon tous les jeudis. Et puis il faut reconnaître qu'elle sait travailler. Elle doit être turque avec son teint mat et ses yeux noirs. Lili était blonde au temps de sa jeunesse, blond cendré, avec des yeux bleus, une vraie Aryenne. C'était du temps où il y avait une véritable Allemagne, un pays plein de grandeur, pas comme maintenant où il y a l'Europe qui dicte à tous les pays ce qu'ils doivent faire. Lili déteste l'Europe, et aussi les gens de son immeuble, et toutes les saletés qu'on lit dans les journaux, tous ces mensonges destinés à masquer la décadence de l'Allemagne.

Quand elle crache son venin Gerda hausse les épaules et murmure :

— Tu détestes tout le monde...

Mais Gerda dit ça d'une voix hésitante, limite tremblante, comme si la très vieille femme clouée dans son fauteuil roulant pouvait encore lui faire du mal.

Lili regarde sa fille installer les provisions dans le placard et donner un vague coup de balai dans la pièce sans se pencher sous les meubles. Une paresseuse sans énergie, toujours fatiguée. Si seulement Lili lui avait choisi un géniteur à sa mesure ! Gerda ne lui ressemble pas, elle tire du côté de son père, un mou qui avalait n'importe quoi, courbé de servitude et de gentillesse.

Elle n'avait pas eu le choix, après la guerre il fallait un homme près des jeunes femmes pour éviter les problèmes avec l'occupant américain, et de plus un homme qui n'avait pas eu de liens trop importants avec le Parti. Elle avait accepté le premier qui s'était proposé quand elle était revenue chez ses parents, fin avril 45.

Elle s'était sauvée juste avant l'arrivée de l'armée rouge et la terreur lui avait donné des ailes. Elle avait brûlé son uniforme et mis des vêtements usés, puis près de quatre-vingts kilomètres de marche et de véhicules brinquebalants au milieu des gens affolés, des bombardements, et enfin Berlin. Elle ne reconnaissait plus rien. Le quartier commerçant de Tiergarten n'était plus que ruines, les animaux du zoo avaient presque tous été tués, c'était partout pareil, ruines, désolation, et silence de la population. L'effondrement du Reich de Mille Ans, l'événement le plus incompréhensible du monde. Elle avait eu beaucoup de difficultés pour retrouver son quartier, c'était comme un mauvais rêve, elle avançait et il fallait à chaque moment éviter des monceaux de gravats et ne pas croiser les regards vides des gens occupés à elle ne savait quoi.

Son père semblait l'attendre, il n'avait pas posé de questions. Ses sœurs et sa mère étaient rentrées peu après et ce qui était désormais leur vie avait commencé. La recherche de nourriture, maintenant que le NSV n'existait plus, était une occupation à plein temps, il fallait trouver des combines pour survivre. Une fois Lili s'était battue avec un homme pour une cuisinière trouvée sous les gravats, elle n'avait pas hésité à le frapper avec une pierre. La vie s'organisait malgré les ruines, il y avait partout des uniformes américains, des GI's au regard lourd qui s'attardaient sur sa belle chevelure blonde et ses seins. Il avait fallu très vite trouver un mari.

Voilà comment elle était devenue l'épouse d'Helmut Gresländer, dessinateur industriel chez Siemens devenu contrôleur de bus dans la nouvelle Allemagne.

— Si tu te penchais un peu plus pour enlever les minons sous le lit, cela ne te ferait pas de mal ! Et puis la fille des services sociaux ne vient que dans cinq jours, fais un effort ! Et j'ai besoin de nouvelles couches, je te rappelle que l'état paie pour ça !

— J'ai mal au dos ! Tu te souviens que lorsque j'étais petite tu me tapais avec le manche à balai ? Que j'ai eu une vertèbre cassée ?

La vieille dame hausse les épaules. Des bêtises ! Elle ne se souvient pas avoir frappé sa fille, Gerda invente tout ça pour justifier sa paresse.

Quand elle était petite, son père l'appelait *Lili la douce* et sa mère et ses sœurs *petit sucre*. Elle était la dernière d'une famille de quatre filles, une gamine effacée qui voulait toujours faire plaisir à tout le monde et qui n'aimait pas l'école. Pourtant elle n'était pas dissipée, seulement affreusement timide et effacée, elle avait peur des maîtres qui n'arrivaient jamais à se rappeler son prénom, elle avait peur des élèves, riant avec servilité avec les plus forts. Un rien l'effrayait. Ses sœurs lui répétaient sans arrêt qu'elle changerait dès qu'elle prendrait part aux camps de jeunesse de la BDM, la Ligue des filles allemandes, la branche féminine de la Jeunesse hitlérienne. Quand ses sœurs aînées rejoignaient leur camp de vacances, elle les regardait partir dans leur bel uniforme, chemise blanche, veste et cravate bleu marine, elle les enviait de ce qu'elle ne connaissait pas.

Quand elle avait eu quatorze ans elle était enfin entrée à son tour dans la BDM : à elle aussi les camps loin de Berlin, les danses et les chants, la vie de groupe !

Ses sœurs avaient eu raison : la BDM l'avait changée. Si l'école restait un supplice, elle avait appris à dominer sa timidité. Les garçons des jeunesses hitlériennes lui glissaient des galanteries, les autres filles riaient. Elle savait qu'elle était jolie avec ses yeux bleus et ses longs cheveux blonds tressés, son corps musclé qui devenait de plus en plus féminin et troublait les garçons, pourtant ils ne se rappelaient jamais son prénom et chaque fois ils lui débitaient les mêmes fadaises comme s'ils ne l'avaient jamais rencontrée. Plus tard Lili s'était habituée à la réalité : elle était passe-partout, personne ne se souvenait jamais d'elle.

Sa scolarité obligatoire terminée elle était restée à la maison pour aider sa mère pendant que ses sœurs travaillaient à l'usine d'armement. Avec la guerre la tâche changea du tout au tout à la BDM : Lili était affectée à la réparation des uniformes des soldats et à la préparation et l'envoi de colis. Elle possédait un livret de travail, comme toutes les femmes allemandes, même celles qui restaient au foyer et en mars 42 elle avait dû rejoindre ses sœurs dans l'usine d'armement.

La vieille dame reste des heures devant la télévision allumée en permanence, elle s'assoupit, elle rêve aussi. À sa jeunesse rythmée par la guerre et les activités qu'elle avait imposées aux jeunes filles de son âge, à la vie en groupe et aux regards des garçons. Elle se trouve dans des zones floues où sa mémoire défaillante mêle la sirène qui hurle la nuit et les grondements des bâtiments qui s'effondrent, les sifflements des bombes et les aboiements des chiens du camp. Tout le monde l'admire ou tremble devant elle, si belle dans son uniforme. Tout le monde tremble devant la toute puissance de son bâton. La vieille dame sourit dans son fauteuil, les yeux clos.

Elle avait mis ses facultés d'adaptation et son sens de la survie en activité dès son retour. En août 45 elle s'était promptement mariée avec Helmut qu'elle ne connaissait pas trois mois plus tôt et le jeune couple avait trouvé un logement dans le secteur de Kreuzberg contrôlé par les Américains ; trois ans plus tard Gerda était née. Le fait d'avoir un physique passe-partout l'avait puissamment servie : personne ne l'avait jamais reconnue et elle ne s'était pas retrouvée sur le ban des accusées durant les trois procès.

Lili n'avait pas eu à se plaindre, à Berlin Ouest on ne manquait de rien, la RFA remplissait les magasins et gonflait les salaires. Son mari plastronnait avec sa fiche de paie comme s'il était un ministre, elle le méprisait, prisonnière d'une puissante nostalgie qu'elle ne pouvait partager avec personne.

Les Gresländer avaient été les premiers dans l'immeuble à s'acheter une cuisinière électrique, les voisins jasaient, disaient qu'elle faisait la fière, que quelque chose en elle les gênait. Elle les ignorait, indifférente aux autres comme au cours de l'Histoire. La construction du Mur en 61 lui avait semblé une agitation hors de proportions.

La seule chose qui l'avait sortie de sa léthargie c'est le moment où les étudiants de l'Université Libre avaient voulu faire comme les Français. Sa fille Gerda avait commencé à se mettre du khôl aux yeux et à s'habiller de robes à fleurs qu'on aurait dit tout droit sorties d'une friperie, pire, elle avait commencé à découcher. Quand les voisins avaient constaté que le visage de la jeune fille était tout noir ils avaient haussé les épaules : madame Gresländer s'était encore mise en colère contre sa fille.

Lili n'aimait pas toute cette faune bigarrée qui hantait Kreuzberg, elle aurait aimé déménager mais c'était si difficile de trouver un logement ! Sa fille travaillait désormais comme bibliothécaire et habitait loin de ses parents dans un appartement occupé par des gauchistes, Lili en était sûre, c'est pour ça que Gerda ne les invitait jamais chez elle. Lili prenait le métier de sa fille comme une injure personnelle face à sa difficulté avec l'écrit, une sournoiserie de plus de la part de sa fille unique qui la décevait depuis toute petite.

Un métier de paresseuse, à quoi servent les livres ? Est-ce que cela l'avait aidée à trouver un mari ? Elle avait vieilli sans homme, épaissi, et sur le tard elle s'était rapprochée de ses parents. Après la mort d'Helmut Gerda avait trouvé un studio à Kreuzberg et les deux femmes avaient vieilli dans une proximité géographique et un gouffre de sentiments malsains, la fille dans la soumission à sa mère, la mère dans le mépris de sa fille.

La vieille dame regarde Roswitha s'activer. La jeune femme a rempli l'évier avec de l'eau chaude et fait tremper la vaisselle de la semaine, ensuite elle a enlevé les draps souillés et fait tourner la machine à laver. Roswitha sent le regard de Lili dans son dos, cela la rend nerveuse, elle ne sait pourquoi.

Lili Gresländer divague dans les territoires de sa mémoire, assise sur son fauteuil électrique. Le pouvoir. La toute-puissance de celle qui possède le bâton qui va déchirer les chairs. Soudain la vieille dame tape avec sa canne sur le sol ; Roswitha sursaute.

— Vous m'avez fait peur, madame Gresländer !

Lili remonte la tête sur le côté gauche et sourit, un éclair dans ses petits yeux enfoncés dans les orbites. La frayeur de l'aide à domicile l'enchante. C'est une sorte de pouvoir qu'elle détient encore, celui de faire peur à la femme qui lui permet de rester chez elle. La dépendance, rien de plus terrible quand on a connu comme elle une jeunesse triomphante.

Lili manipule son fauteuil électrique, s'éloigne de la jeune femme, bute contre la table et peste intérieurement contre cet univers rétréci.

Elle se souvient encore de la visite des deux hommes dans l'usine d'armement où elle fabriquait des pièces d'artillerie. Le chef d'atelier s'était mis au garde à vous avant de les conduire dans la petite salle vitrée d'où il surveillait les ouvrières et Lili avait eu peur lorsqu'il était venu la chercher. Les deux hommes lui avaient demandé si elle était mariée et si elle avait des enfants, son niveau d'études, tout ça. Elle avait dû avouer son peu d'instruction ; ils avaient souri et lui avaient donné un texte à lire. Un vrai supplice. Puis ils lui avaient fait faire des additions.

Elle avait hésité à partir, c'était loin, environ 80 kilomètres de Berlin, et elle n'avait jamais quitté sa famille. Elle venait de fêter ses vingt-et-un ans et travaillait depuis un an dans l'usine d'armement ; elle s'était faite aux gestes répétitifs, aux lourdes charges et au salaire de misère. Ses parents l'avaient poussée à accepter l'offre : salaire doublé par rapport à l'usine, nourrie logée blanchie, elle pourrait les aider... et surtout elle serait en sécurité, loin de Berlin qui ressemblait de plus en plus à un champ de ruines.

Presque tous les jours les Anglais bombardaient la capitale pour briser le moral de la population : le toit de la gare s'était écroulé, il y avait partout des maisons béantes, d'autres qui brûlaient encore le lendemain de l'alerte. Tout le monde retroussait ses manches pour déblayer les ruines et refusait de quitter la capitale. Le NSV (l'Assistance populaire nationale-socialiste) organisait les distributions de nourriture et personne n'avait faim, on continuait à jouer de la musique en plein air comme si la vie n'avait pas changé mais le père de Lili anticipait l'aggravation des conditions de vie : bientôt il ne resterait peut-être plus rien de leur immeuble et de leur quartier. Lili devait partir.

Elles firent le voyage à quatre. Quatre jeunes ouvrières excitées par l'inconnu. Un véhicule militaire était venu les chercher dans la grande gare de Fürstenberg et le temps du transport fut un éblouissement : des forêts profondes où le tronc des bouleaux blancs brillait au soleil pendant que les conifères reflétaient leur vert profond dans l'eau des lacs, un paysage d'une grande beauté qui leur avait donné l'impression de partir en vacances.

Une fois le portail franchi le chauffeur arrêta son véhicule et indiqua aux quatre jeunes filles le bureau de la surveillante-chef. Personne. Un instant de flottement. Elles ne savaient que faire, se dandinant sur place, les mains devant elles puis dans les poches puis devant elles, se demandant ce qu'elles faisaient là. Enfin la surveillante-chef arriva et leur indiqua où elles devaient récupérer leur uniforme et quand commencer leur service ; d'un mouvement de menton elle les confia à la femme qui venait d'entrer.

Elles traversèrent la place centrale et à ce moment-là passait un convoi de femmes et d'enfants avec des yeux immenses. Les quatre filles s'étaient regardées avec des yeux effarés.

Elles venaient de récupérer leur tenue : chaussures et ceinturon de cuir, veste et jupe en laine épaisse, à pli creux sur le devant et calot assorti à l'ensemble. La femme qui avait préparé leur trousseau leur ordonna de se changer immédiatement.

On était en novembre, elles n'avaient pas traîné ; l'aigle impérial ornait leur veste.

— Vous voilà au service de l'État, ne l'oubliez jamais, leur dit la femme qui les accompagnait. Si vous avez besoin de sortir du camp il faudra demander un laissez-passer à la direction.

Elles avaient mis leurs bottes et posé le calot sur leur tête, déjà leur pas était plus assuré quand elles se rendirent au quartier d'habitation où elles devaient prendre possession de leur logement et poser leur paquetage. Elles avaient reçu deux uniformes, un pour l'été et un pour l'hiver, deux paires de bottes et tout ce qu'il fallait pour être toujours impeccables. Lili, distraite par ce qu'elle voyait, avait bousculé une femme au crâne rasé et s'était excusée. Leur accompagnatrice avait beaucoup ri.

Le quartier d'habitation leur arracha des murmures d'admiration : huit belles maisons cossues à deux étages avec des logements mansardés qui se faisaient face, avec une grande place au milieu, elles n'avaient jamais rien vu d'aussi beau.

Lili se retrouva dans un appartement pour elle toute seule, chauffé en plus, avec une chambre et un salon, un beau placard et un lavabo ! Un lavabo pour elle toute seule ! Elle partageait les toilettes, une salle de bains et une cuisine avec les quatre autres surveillantes et ce luxe sidérait ses nouvelles camarades autant qu'elle-même. La formatrice sourit de leur émerveillement.

C'était la première fois de sa vie qu'elle avait un lit pour elle toute seule, les draps étaient propres, changés régulièrement, tout le travail ménager était effectué par les femmes du camp : la cuisine, le nettoyage, la blanchisserie ; elle croyait rêver.

La formation avait duré trois mois et la première semaine avait été difficile : à la première pendaison de femmes elle avait failli vomir. Et le comptage des détenues commençait en pleine nuit et durait des heures, elle avait froid au début. Elle s'était habituée. À la fin de la deuxième semaine elle maniait son bâton avec une dextérité qui lui avait attiré les félicitations de sa cheffe. Bien avant la fin de sa formation, Lili avait reçu les tampons « disciplinée » et « apte » sur son dossier.

Lili avait voulu rendre visite à ses parents pour Noël mais le règlement ne permettait pas une sortie seulement un mois après l'arrivée au camp. Le règlement. Il étendait ses tentacules jusque dans l'organisation des loisirs mais personne ne s'en plaignait et surtout pas Lili. Elle avait trouvé dans cet univers clos de femmes en uniforme la consécration de son existence et le groupe la portait. Toutes ensemble, dans leur uniforme, elles rayonnaient de puissance et les femmes s'écartaient devant elles avec crainte, leur obéissaient à la seconde avec des tremblements, autrement gare à leur colère ! Lili était devenue experte avec sa matraque, une sorte de long bâton souple de cuir qui faisait de terribles dommages sur les corps mal protégés des détenues. Ses collègues l'admiraient : quelle force, quelle précision cette Lili ! Elle avait connu un fléchissement au moment de Noël, le premier Noël sans sa famille. Heureusement elle s'était liée d'amitié avec Gerda la belle amie du docteur Rosenthal, et celle-ci l'avait aidée à surmonter ce petit moment de déprime. Jamais elle n'avait oublié Gerda et après la guerre elle avait donné le nom de cette femme magnifique à sa propre fille, espérant secrètement une transmission de la beauté éclatante de la première Gerda sur la deuxième. Sans succès : Gerda avait toujours été terne et craintive.

Roswitha a terminé la vaisselle, le lave-linge tourne dans la salle de bains. Le bruit d'une porte qui s'ouvre : Gerda est arrivée.

— C'est l'heure de la toilette, madame Gresländer. Essayez de nous aider, s'il vous plaît, ne faites pas comme la dernière fois. Pour un peu, on vous aurait fait tomber.

La jeune femme n'attend pas la réponse, elle pousse le fauteuil en direction de la salle de bains, le bloque un mètre avant l'entrée avant de faire couler l'eau dans la douche.

Voilà Lili otage de son corps et de l'âge, objet que l'on soulève avec dégoût ; celle qui a le plus de difficultés à la toucher est sa propre fille, elle ne comprend pas. Lili s'est occupée avec amour de Gerda, elle lui a donné bien plus qu'elle n'avait elle-même reçu de ses parents puisqu'elle était fille unique.

Gerda frémit au contact des os desséchés. Elle sent monter un mélange de répulsion, de triomphe et de tristesse. Elle se souvient de son enfance. Sa mère pouvait se montrer d'une absolue douceur, caresses et baisers, tendres chuchotements, et d'un coup, sans crier gare ses yeux se figeaient, tout son corps s'immobilisait dans une tension extrême. Il fallait alors faire très attention, le moindre geste, la moindre parole déclenchait des accès de violence inouïs.

Gerda se souvient de Tobie, le petit chien bâtard aux yeux si doux que son père lui avait ramené d'une de ses tournées. Sa mère l'avait tué à coups de balai parce que, après avoir gémi pour qu'on parte en promenade, il s'était oublié dans l'entrée.

Quand Helmut était rentré du travail il avait trouvé sa fille terrifiée dans un coin et sa femme en train de nettoyer le sang du chien. Les voisins n'avaient rien dit, mais ils évitaient de les regarder et plus personne ne les avait invités dans l'immeuble.

Jamais Gerda n'avait eu de véritables amis, impossible d'inviter qui que ce soit à la maison, elle ne savait jamais comment serait sa mère.

— Pourquoi tu n'amènes jamais d'amies, Schatzeli ? Les autres filles de l'immeuble ramènent du monde, je les entends rire, comment pourrais-tu être invitée chez les autres si tu n'invites jamais personne ?

Schatzeli. Petit trésor. Gerda sentait son cœur se gonfler de tendresse et d'amertume. Un petit trésor que sa mère n'hésitait pas à frapper à coups de manche de balai pour des peccadilles, une fois elle avait atterri à l'hôpital avec une vertèbre fracturée. Le jeune médecin qui l'avait soignée avait parlé un long moment avec sa mère.

Lili regarde l'eau couler dans la douche, le pommeau de douche. Le crématoire du camp, la chambre à gaz, les femmes et les enfants entassés, l'aide-soignante et sa fille veulent la gazer !

— Non ! Je ne veux pas ! Laissez-moi ! Je ne veux pas mourir !

Les deux femmes se regardent. Ce n'est pas la première fois que la vieille dame manifeste des signes de panique devant la douche, chaque fois elle a l'air de revivre des souvenirs terribles : les yeux fous, les bras agités devant elle fouettant l'air en une supplication muette elle devient livide.

— Je vais appeler le médecin, déclare Roswitha.

Déjà elle a quitté la salle de bains mais Gerda pose la main sur son avant-bras :

— Inutile, c'est une de ses crises. Elle fait ça depuis que je suis toute petite. On va attendre qu'elle se calme, vous verrez, ça ne va pas tarder.

Gerda regarde la vieille dame livide, attend les changements de couleur sur son visage comme autrefois elle épiait les variations de son regard qui allaient la faire passer de maman douceur à maman hallucinée. Elle ne connaît que trop bien le sourire qui s'esquisse sur le visage qui lui fait face et une angoisse ancienne lui broie la poitrine. Instinctivement, elle tend les mains devant elle.

Lili est dans le camp, elle est jeune, elle est belle, elle sourit, les femmes s'écartent devant elle, Lili, la reine du monde ! Voici Gerda l'infirmière, celle que l'on appelle la faiseuse d'anges, Gerda qui fait battre son cœur et qui s'avance, les mains tendues. C'est comme un amollissement général de son être, elle s'abandonne et son visage change, elle sourit avec ravissement, un vrai sourire que ni sa fille ni l'aide à domicile ne lui ont jamais vu et elle murmure :

— Je t'aime, Gerda, si tu savais comme je t'aime...

Sources

Cette nouvelle est la seule construite d'après des lectures et non des témoignages directs. J'ai tenu à l'inclure parce que j'ai été frappée par la similitude d'évolution de vie entre les femmes impliquées dans la violence pendant la guerre, en particulier leurs relations avec leurs enfants. Gardiennes de camp de concentration à Ravensbrück ou responsables d'horreurs en Afrique, les femmes n'arrivent plus à nouer des rapports normaux avec leurs enfants et connaissent des éclats de violence destructeurs.

Les femmes dans le système nazi, dossier du magazine l'Histoire n° 403
http://www.fndirp.asso.fr/wp-content/uploads/2014/11/PR891-8.pdf Qui étaient les gardiennes de camps de concentration ?
http ://www.noublions-jamais.net/bourreaux/aufseherin/aufseherin.htm
Aufseherinnen, surveillantes des camps de l'horreur

resistanceguyard.wordpress.com/resistance-2/francaises-a-ravensbruck Le camp de concentration pour femmes de Ravensbrück

http://moulinjc.pagesperso-orange.fr/Camps/Textes/ravens.htm

http://www.jewishgen.org/ForgottenCamps/Camps/RavensbruckEng.html

http://www.massviolence.org La violence des surveillantes des camps de concentration national-socialistes (1939-1945) : réflexions sur les dynamiques et logiques du pouvoir

http://www.2groupeduracaof.com/gardiennes_nazis.htm

http://www.histoquiz-contemporain.com/Histoquiz/Lesdossiers/seconde/jeunesallemandes/Dossiers1.htm *Les jeunes filles allemandes « enrôlées » sous la bannière nazie de 1923 à 1945*

Dossier de Courrier international sur les femmes soldats en Afrique

Allah n'est pas obligé, roman d'Ahmadou Kourouma, Points, 2002

L'exécution

Pourquoi est-il revenu dans cette région qui ne lui rappelle que mort et destruction ?

Il contemple les montagnes, aspire une longue goulée d'air, répète lentement plusieurs fois *Je suis un homme libre* sur tous les tons, rien n'y fait. Il bégaie comme quand il était petit, il n'arrête plus de bégayer depuis qu'il se trouve en Haute-Savoie et la montagne lui renvoie la phrase magnifique en échos sarcastiques.

Ce soir il doit faire un discours et rien ne lui sera épargné ; il se prépare déjà aux ricanements quand il va se diriger vers l'estrade puis aux rires qui vont se déchaîner. C'est de pire en pire. Ses filles pleurent en rentrant de l'école, elles ne comprennent pas la méchanceté des gamins d'ici : « C'était pas pareil à Lyon, si on retournait à Lyon, papa ? »

Il songe parfois à leur expliquer que c'est à cause de leur nom, qu'ici rien ne s'oublie et que les haines s'infusent au fil des années, se concentrent au lieu de perdre de leur virulence.

Il restera. Il est chez lui, ils finiront par se lasser. La maison de sa famille se trouve à quinze kilomètres et il résiste à la tentation d'aller voir si on ne l'a pas écroulée, si elle domine toujours le village. Il voudrait la montrer à ses filles mais Solange s'y oppose.

— Laisse toutes ces vieilles histoires, je ne veux pas que tu en parles aux filles. Je ne veux pas que des événements dont elles ne sont pas responsables leur fassent du mal. La guerre est finie depuis trente-cinq ans, il faut arrêter avec ça.

Il avait été d'accord, tous ses frères et sœurs avaient fermé à clé dans leur mémoire la porte sombre des gouffres hurlants et il avait fait pareil. Pourquoi, à la quarantaine, remuer la boue dans laquelle il s'englue ? Il sait que la guerre ne finira jamais.

Ses deux frères rentrent souvent de l'école le visage en sang. Ils se sont encore battus mais maman ne les gronde pas, elle les serre contre elle, *mes petits, mes tout petits* avant d'enlever le sang qui coule en filet aux commissures des lèvres, avec douleur, avec douceur. Leur père baisse les yeux.

Fils de collabos.

Lui il n'a pas sept ans et il ne dit rien. Il n'existe pas de signes visibles de ses blessures : les autres se contentent de salir ses cahiers et de lui cracher dessus et le maître laisse faire. Il évite au maximum d'aller aux cabinets, ses trois sœurs font la même chose du côté des filles. Elles subissent des cruautés sournoises qui les laissent pantelantes et physiquement indemnes. Ils rentrent tous les six en baissant la tête, seuls les deux aînés récoltent la consolation maternelle.

Ils ne savent pas vraiment ce que signifie le mot « collabo » mais ils en connaissent le poids de honte et d'exclusion. Dans la région on s'est battu sauvagement, héroïquement rectifient certains gamins en se rengorgeant. Ils appartiennent à la catégorie qu'ils envient tous les six, celle des fils de résistants, les vainqueurs dans cette guerre où les familles se sont déchirées en factions opposées. Les enfants montent la côte, petite troupe humiliée, en silence et parfois un cri de colère, parfois une amertume des filles qui ne comprennent pas comment leurs parents ont pu choisir le mauvais parti.

Ils se souviennent des voix rudes dans une langue étrangère, leurs parents vendaient des légumes et les Allemands étaient leurs plus gros clients, sourires et tiroir-caisse. C'est leur oncle qui leur avait procuré cette clientèle, le frère de leur père, celui qui a été fusillé à l'automne. Condamné à mort par la Cour Martiale, le tribunal institué par le Comité de la Libération. Un tribunal militaire où siégeaient cinq juges officiers de la Résistance, trois pour les dirigeants, deux pour les exécutants. Cela n'avait pas traîné : à peine jugé leur oncle avait été exécuté contre le mur du cimetière.

Leur père aussi s'était retrouvé en face du comité d'épuration. Moments de silence et de tension dans la maison, avec maman livide qui leur avait interdit d'aller à l'école. Les volets fermés pour éviter les jets de pierre. Trois jours dans une sorte de cave ou de tombeau. Enfin leur père était rentré, gris, épuisé mais soulagé : rien n'avait été retenu contre lui.

La vie avait repris : vente de légumes mais changement de clients, beaucoup moins d'animation qu'avant, regards lourds et sous-entendus des voisins.

La vie n'avait pas repris si facilement.

Le patron de Robert avait dit qu'il ne pouvait pas le garder en apprentissage, cela faisait jaser les clients. Adèle devait commencer celui de couturière après le certificat mais la patronne s'était désistée. Et il y avait l'école avec tous ces visages hostiles qui attendaient la première occasion pour continuer la guerre.

Les cauchemars ont repris. Le bruit de la porte qui s'ouvre avec fracas et maman qui hurle, *Non, Non !* en bas dans le *pèle*, la grande salle commune où on vit la journée. La tribu comme on les nomme dans le village se réveille en sursaut, Émile le premier, presque seize ans et Marie chez les filles, quinze ans. Tous les enfants suivent dans le désordre, Philomène ferme la procession en s'aidant de son derrière pour descendre, elle n'a que quinze mois. Ils se retrouvent tous au pied de l'escalier, Jules a presque sept ans. Dans le pèle, deux hommes la tête recouverte d'une cagoule, armés de mitraillettes. Des résistants. La guerre est finie dans la région depuis presque trois ans, enfin c'est ce qu'on dit. Jules sait que ce n'est pas vrai.

Cela le poursuit nuit et jour et ses cauchemars ont évolué au fil des années. Maintenant il voit son père les poings liés au poteau d'exécution par un homme, il entend sa mère hurler « Si vous le fusillez, je veux aussi l'être. » Il voit les hommes hésiter devant cette femme prête à accoucher puis la pousser brutalement à côté de son mari. Jules sait que ses sœurs hurlaient mais dans sa tête il n'y a que le silence, ils sont tous la bouche ouverte dans un cri immobile, dix enfants qui contemplent leurs parents qui tressaillent sous les balles. Le sang. Leur père qui s'écroule. Leur mère effondrée qui se tient le ventre, qui hurle « Au secours ! » et qui rampe en direction de la porte. La mare de sang.

Un poteau d'exécution ? Il ne sait pas. Il se réveille le cœur battant et la nausée le projette vers les toilettes.

— Tu as encore rêvé cette nuit, constate Solange. Des fois je me demande si tu ne devrais pas consulter.

Puis elle se beurre une tartine. Ce n'est qu'une attitude, il voit sa main trembler.

« On pense que l'enquête sera laborieuse » avaient écrit les journaux. Quel euphémisme ! On avait enterré l'affaire. Sans doute des résistants qui avaient conservé leurs armes et avaient refait le procès de leur père après bien des verres de pomme, un soir après les foins. Des gens du village ? Des proches ? En juin 47 la guerre était si proche, et pourtant il y avait nécessité de tourner la page. C'était juste honteux que les gamins aient assisté à ça. Et la femme qui allait accoucher... Gêne, honte et silence.

Les enfants avaient été placés dans différentes familles de la région lyonnaise, ils étaient trop nombreux pour qu'on puisse les laisser ensemble et petit à petit ils s'étaient perdus de vue. Jamais de réunions de famille entre les différentes familles d'accueil, dix enfants, c'était impossible à organiser et puis on n'allait pas risquer des questions. Les plus petits n'avaient aucune mémoire des événements, ils avaient fini par être adoptés. Jules se souvenait. Depuis cette nuit de juin il avait commencé à bégayer.

Jules a été élevé par des cousins de sa mère, Dédé et sa femme Denise, des gens très pieux, un devoir de charité, il faut prendre ce que le Bon Dieu nous donne, pas ? Il avait essayé de se faire tout petit dans l'appartement de la Croix-Rousse, un univers rétréci après la grande maison de ses parents. Ici pas de montagnes mais du monde partout dans le quartier, les traboules où il étouffait, l'effarement de tout ce monde et de tout ce bruit et la cousine Hélène, trois ans de plus que lui qui le regardait d'un air mécontent : elle était obligée de partager sa chambre. Il avait recommencé à faire pipi au lit comme quand il était tout petit, et en plus il y avait ce bégaiement qui ne le quittait plus. La cousine de sa mère soupirait mais ne disait rien. Elle changeait les draps sans un mot, sans une consolation non plus. Quand il hurlait la nuit Hélène venait le secouer puis retournait se coucher dans un demi-sommeil. Personne n'en parlait.

Les cousins l'avaient inscrit dans l'école primaire d'Hélène, Denise avait chuchoté une histoire dramatique d'accident de voiture et la maîtresse avait regardé Jules avec pitié. Les mamans lui donnaient parfois un fruit ou une douceur quand elles venaient chercher leurs enfants après avoir fait le marché. Hélène ricanait.

Jules s'était petit à petit habitué à cette nouvelle vie, il avait cessé de mouiller son lit et bégayait un peu moins. Il était bon à l'école, il pourrait avoir droit à une bourse pour faire ses études avait dit le directeur. Les cousins n'y tenaient pas trop, déjà que leur fille Hélène voulait avoir le Bac, il n'allait pas faire comme elle, quand même ! Il avait très bien compris le sous-entendu. *Dans ta position.* Chaque fois qu'il faisait une demande qui leur semblait incongrue les « deux D » comme il les surnommait dans sa tête commençaient invariablement leur phrase de refus par : *dans ta position.* Quand il était petit il comprenait une seule chose : il n'aurait pas dû se trouver là. Sa *position* c'était les circonstances particulièrement honteuses de la mort de ses parents qui l'avaient projeté chez eux. Alors il se recroquevillait dans son territoire intime, le *pèle* où il faisait si bon, avec tous ces gamins chamailleurs, cette tribu bruyante de frères et sœurs et leur mère placide au milieu de tout ça, leur mère toujours enceinte et de bonne humeur, maman, sa maman. Son père restait dans le flou.

Après son certificat d'études il avait commencé à travailler chez une connaissance des cousins, un assureur chez qui il faisait toutes les courses. Le patron s'était pris d'affection pour ce gamin hypersensible qui avait un tel sentiment du devoir : il ramenait au centime près le reliquat des courses, ne s'autorisait aucun retard, aucune flânerie comme les autres coursiers. Les clients le réclamaient, glissaient d'autorité un pourboire dans sa poche pendant que Jules rougissait. De pourboire en pourboire il s'était constitué un petit pécule mais donnait tout le reste à ses cousins pour la pension. Le patron lui montrait de plus en plus souvent en quoi consistait le travail :

— Tu devrais suivre les cours du soir. Je suis sûr que tu pourrais avoir le bac, alors tu pourrais gagner ta vie avec un travail à la hauteur de ton intelligence.

— Dans ta position...

Les cousins avaient haussé les épaules devant sa demande mais ne s'étaient pas opposés à ce qui leur semblait une lubie. Il leur payait une pension désormais et il était si gentil, si travailleur ! Il dormait sur le divan de l'entrée maintenant qu'Hélène était une jeune fille, il s'était fabriqué une tablette rabattable qui lui servait de bureau. L'étude, ça fait pas de bruit.

Leur fille Hélène avait repassé l'oral pour avoir son bac, on avait fait une grande fête, la première bachelière de la maison, vous pensez ! À la rentrée universitaire elle avait commencé des études de sciences. Jules progressait. C'était difficile, avec le travail la journée et les cours le soir, plus le samedi quand les autres s'amusaient. Hélène le trouvait *pathétique et courageux* mais quand il réussit à obtenir son bac scientifique avec mention elle ne rit plus du tout.

Son patron avait fêté son diplôme mais pas ses cousins. Jules avait ressenti douloureusement la différence de traitement. C'était un moment où il s'était replié dans sa bulle, une boule de souffrance et d'exclusion, voilà ce qu'il était, voilà comme il se sentait dans cette famille qui n'était pas la sienne. Il n'en voulait pas aux *deux D*, il comprenait. Il ne valait rien, le poids de la faute l'écrasait et il sentait que jamais il ne pourrait réparer. Le patron avait payé ses cours commerciaux, désormais il ne faisait plus de courses, il travaillait au bureau. C'est là qu'il avait rencontré Solange lorsqu'elle était venue déclarer un dégât des eaux survenu chez ses parents.

Il avait mis du temps à comprendre qu'elle s'intéressait à lui, le patron et les deux secrétaires se moquaient gentiment de lui.

— Alors, Jules, elle ne te plaît pas la jolie Solange ?

Il devenait écarlate.

— Elle va devoir faire tout le travail, bon courage avec un timide comme toi !

Solange l'avait apprivoisé au fil du temps et il ne comprenait pas ce qu'elle pouvait bien lui trouver, lui qui avait tant de mal à entrer en contact avec les autres. Elle était fine, chaleureuse, petit à petit elle lui était devenue indispensable et Jules riait, se risquait à faire des plaisanteries, ne bégayait plus que sous le coup d'une forte émotion : il était amoureux. Mais comment réagirait-elle lorsqu'elle saurait qui il était, elle qui se montrait si fière des exploits de son père pendant la guerre et le crucifiait chaque fois avec naïveté ? Un fils de collabo dans une famille lyonnaise ? Il ne lui avait rien caché, il n'avait même pas bégayé.

Solange l'avait serré contre elle avec force :

— Mon pauvre amour ! C'est épouvantable cette histoire et je comprends mieux pourquoi tu es parfois si excessif. Mais la guerre est finie depuis plus de vingt ans, il faut passer à autre chose, construire ta vie, fonder un foyer.

Et il avait compris qu'elle souhaitait devenir le pilier de sa vie. Elle n'avait rien dit à ses parents. Quand il avait fallu des papiers pour le mariage elle avait expliqué que les parents de Jules s'étaient tués en voiture dans un accident ; ils étaient tombés dans un précipice. Au fond, ce n'était qu'un demi-mensonge.

Pourquoi est-il revenu ?

Il y a eu cette histoire de procès, un client voulait le poursuivre en justice pour ne pas l'avoir averti du délai de carence. Il avait blêmi. Le poursuivre *en justice* ! Il avait failli sauter à la gorge du client, son patron avait dû intervenir.

— Qu'est-ce qui t'a pris, bon sang ? Tu prends tout trop à cœur, tu te penses tout de suite attaqué quand un client conteste des indemnités ou un contrat. Mais c'est la règle du jeu, mon petit Jules, seulement la règle du jeu ! Tu n'es pas attaqué en tant que personne, c'est le contrat, seulement du papier. Pas toi !

Il avait démissionné, décevant son patron qui espérait le voir reprendre le cabinet d'assurances :

— Tu n'es pas bien ici ? Tu n'es pas apprécié à ta juste valeur ?

— C'est tout le contraire : j'ai l'impression que je ne mérite pas ce que je gagne, c'est trop, je ne suis pas assez bien.

— Je ne comprends pas, vraiment, je ne comprends pas d'où tu tires de tels sentiments d'infériorité ! Réfléchis, ne pars pas sur un coup de tête, parle avec Solange.

Il est revenu à l'endroit d'où il n'aurait jamais dû partir. Il a trouvé un travail bien en dessous de ses aptitudes mais il est heureux de l'avoir accepté, il a toujours voulu travailler dans le social, il a un tel besoin d'avoir des contacts avec les gens ! Solange était d'accord malgré la baisse de salaire et ses filles se réjouissaient de faire du ski l'hiver, mais rien ne s'était passé comme prévu. Il ne suffit pas d'avoir envie de contacts humains pour que les autres vous tendent la main. Plus il s'acharne et plus sa solitude s'aggrave,

— Tu manques de naturel avec les gens, ils sentent que c'est très important pour toi, tu les crispes, ils ne comprennent pas ce que tu veux. Sois plus simple, Jules ! Fais comme à la maison, tu as tant à donner !

Les gens d'ici l'enveloppent d'une couche haineuse qui le fait frissonner. Il multiplie les initiatives, crée une association pour venir en aide aux chômeurs, rentre très tard le soir, toujours disponible, toujours blessé par la méchanceté. Il se cogne dans son bocal, des hurlements venus de l'enfance peuplent ses nuits.

Jamais il n'a autant bégayé, sa fille aînée, une véritable éponge, va très mal.

— Qu'est-ce qui t'arrive ? demande tout le temps Solange.

Elle s'inquiète, s'angoisse, regrette Lyon, parle de retour à la ville, *on n'est pas bien ici, songe aux filles...* La petite enfance de Jules le ronge comme un chancre, son travail apporte chaque jour son lot de souffrance et d'humiliations ; il ne sait plus parer les coups. Il se précipite au-devant des autres et sa bonté, sa volonté de bien faire le rendent suspect. Solange regarde l'homme qu'elle aime se débattre contre des fantômes qui grignotent sa vie, elle sait que jamais elle ne pourra lutter contre cette culpabilité insensée qui lui commande de réparer les blessures de la société. Elle se sent lasse, parfois.

Il est chez lui, on ne le fera pas partir. Il est presque chez lui.

Il contemple les montagnes, aspire une longue goulée d'air, *JJJe sssuis un hoooom' libre !* Et il éclate en sanglot lorsque l'écho de la montagne amplifie son bégaiement.

Sources

Elles sont de trois ordres.

Un ami proche a connu la personne que j'ai appelée Jules dans cette nouvelle. Un homme déchiré, obsédé par le besoin de venir en aide aux autres et qui en était fort mal récompensé. Il avait de grandes difficultés dans ses relations sociales et bégayait. Un jour de fragilité il lui avait confié ce traumatisme d'enfance : ses parents avaient été exécutés par la Résistance pendant la guerre parce qu'ils étaient des collaborateurs. Avec ses frères et sœurs il avait assisté à l'exécution. Il avait été placé ensuite dans une famille à Lyon.

Ma deuxième source, c'est un couple âgé qui a vécu cette période et qui est un véritable puits de science concernant l'histoire la région, Simone et Robert Amoudruz. Ceux-ci ont écrit de nombreux livres sur la guerre et la façon dont elle a été vécue en Haute-Savoie. Ils sont devenus des amis lorsque j'ai écrit *Mission et Calvaire de Louis Favre* qu'ils ont obligeamment lu et dont ils ont corrigé les détails. Je ne connaissais pas le véritable nom de Jules, mais la machine de leur mémoire s'est mise en route : ils connaissaient le nom des parents, le lieu, la date et les circonstances de leur exécution : 1947 dans la maison familiale, devant tous les enfants réunis.

— Cette histoire a beaucoup choqué dans la région, cette exécution devant les enfants, quelle horreur ! Mais on a enterré l'affaire. C'était des gens mécontents du verdict du comité d'épuration, on voulait retrouver la paix. Et c'était des collabos...

Cette dureté involontaire de Simone, il faut la rapporter à l'époque et au fait que par ici rien ne s'oublie.

Ma troisième source, ce sont les archives des journaux. J'ai ainsi eu des précisions sur la profession du père de Jules (marchand de primeurs), sur le fait que son frère a été condamné à mort et exécuté à l'automne 46. Il était accusé d'avoir dénoncé à la Gestapo les sept maquisards du village qui avaient été fusillés. Le père de Jules avait été interrogé longuement par le comité d'épuration mais renvoyé dans son foyer parce qu'il n'avait pas joué de rôle dans cette histoire. Mi-juin 47, vers vingt-trois heures, deux hommes le visage recouvert d'une cagoule avaient exécuté les deux parents devant leurs dix enfants dans la salle commune. La mère allait prochainement accoucher. Elle s'était traînée dehors pour réclamer du secours. Son mari était mort dans la voiture qui les menait à la clinique et elle deux heures plus tard.

« On pense que l'enquête sera laborieuse », telle était la conclusion de l'article. Et de fait il ne fut plus mention de ce tragique double assassinat.

Les parents de Jules, avec leur commerce de primeurs, ont fait ce que beaucoup d'autres Français ont fait : des affaires avec l'occupant qui remplissait leur tiroir-caisse. Robert Amoudruz, dans son dernier livre cosigné avec Guy Gavard, *Annemasse la frontière et Genève 1939-1945 une histoire singulière* résume tout à fait ce qui est arrivé :

« La formule de l'historien américain Herbert Lottman s'applique particulièrement bien à tous ces jugements de l'après-guerre : *On a parfois traité des crimes comme des faiblesses, on a traité des faiblesses comme des crimes.* »

Avec l'éloignement de l'Histoire, Jules n'aurait sans doute pas traîné une culpabilité d'écorché vif pour ce qui n'était que faiblesse humaine. Il est mort avant. Sa femme est retournée vivre à Lyon.

Pour Judith

I

Il est à la retraite depuis longtemps, ses jambes ne le portent plus et l'arthrose déforme ses doigts. Mais rien ne l'empêchera d'accomplir son devoir. Il se lève péniblement, va attendre le tram 12, c'est de la chance, il ne fait pas trop humide aujourd'hui.

Le climat de Genève ne lui convient pas : une cuvette où l'air stagne, où les jours de ciel bleu se comptent tellement ils étonnent. Sa femme aurait voulu qu'ils repartent en Valais d'où ils sont originaires, toute leur famille est là-bas, et les amis, et les vignes, et le soleil. Il fait beau, l'air est sec et sain pour son arthrose ça serait mieux non ? Et la vie moins chère qu'à Genève, avec sa toute petite pension ça compte aussi : pourquoi rester ?

Il ne peut pas et ne pourra jamais.

— C'est à cause d'elle, c'est ça ? Mon pauvre ami tu débloques un peu avec tes vieilles histoires...

Il ne répond pas. Elle a raison.

De vieilles histoires datant de la dernière guerre. Il avait obtenu une promotion dans la compagnie d'assurances qui l'employait et avait quitté Sion pour Genève sous le regard des copains admiratifs et envieux. Comme il se rengorgeait alors, sous-directeur d'une agence de l'Assurance Mutuelle ! Sa femme faisait aussi la fière, écrivait en Valais, décrivait (enjolivait) leur vie de nouveaux bourgeois de la cité du bout du lac.

Et la guerre avait éclaté. La Suisse possède une armée de milice, de citoyens soldats mobilisables à tout moment. Il avait trente-huit ans en 1940 et le ballet des mobilisations temporaires avait commencé. On l'avait versé dans la surveillance des frontières. Quand il y avait un gros problème et qu'on avait besoin de monde il était mobilisé. Son uniforme gris-vert et son arme se trouvaient dans l'armoire de la chambre, uniforme toujours d'une propreté irréprochable, sa femme se faisait un point d'honneur de le mettre à la blanchisserie dès que son mari rentrait.

L'été 42 c'était difficile. Les journaux parlaient de plus en plus du sort des Juifs dans les camps de concentration allemands, les officiels s'écharpaient entre ceux qui disaient que la barque était pleine, qu'on ne pouvait pas accueillir tous les Juifs de l'Europe, que nous étions un tout petit pays qui allait mourir de faim si ça continuait, qu'il y avait un « égoïsme sacré » à refuser l'accès de nos frontières. Et il y a eu la rafle du Vel d'Hiv à Paris, et puis celles dans les camps d'étrangers en zone libre. C'est devenu la folie à la frontière genevoise, tous ces gens désespérés qui voulaient venir en Suisse, il avait été mobilisé.

Sa femme avait sorti son uniforme impeccable de l'armoire. Les ordres étaient stricts : ne laisser passer personne non muni de visa. C'était signé du chef de la police. *Surtout va pas chercher les ennuis*, lui avait dit sa femme, *tu vas bientôt passer directeur de l'agence alors tu appliques strictement les consignes.*

Il les revoit encore, elle et son mari, ils n'avaient pas de bagages, ils ne voulaient pas se faire remarquer par les gendarmes. L'homme portait seulement une grosse musette, comme un ouvrier. Qui pouvait-il tromper, avec ses doigts fins et son air distingué ? La femme était belle, brune avec d'immenses yeux noirs. Avant même qu'ils tendent leurs papiers d'un air hésitant il savait déjà que c'était des fugitifs et qu'ils n'avaient pas de visa. Il a appliqué les ordres, il était là pour ça. Elle avait supplié, « S'il vous plaît, je vous en prie, vous savez bien ce qui nous attend... »

Elle le regardait, larmes lourdes et lentes, ce regard si intense, si désespéré, il le revoit presque toutes les nuits, il n'a jamais réussi à s'en débarrasser.

L'homme avait pris le bras de sa femme, « Viens Judith ! », il n'avait même pas essayé de discuter. Ils n'ont pas fait vingt mètres qu'ils se sont affalés contre le grillage. Un gamin qui passait par là s'est mis à hurler. Le douanier français s'est précipité, lui était resté pétrifié, incapable de quoi que ce soit. Territoire suisse, il ne faut pas quitter le territoire, c'est la consigne. Le collègue français avait appelé une ambulance depuis la douane, ils les ont emmenés tous les deux.

Trois jours plus tard celui-ci lui avait donné des renseignements. La femme aux grands yeux noirs s'appelait Judith, elle était née à Berlin. On l'avait enterrée la veille au cimetière de Saint-Cergues.

Depuis son regard le poursuit.

Il a eu un « problème nerveux », comme a dit le docteur. Ses jambes ne le portaient plus. On l'a enfermé à Bel-Air l'hôpital psychiatrique de Genève pendant plusieurs mois. Il a été réformé, sa femme n'a plus jamais porté l'uniforme à la blanchisserie. Il n'a jamais été promu directeur. Petit à petit, devant ses absences répétées, il est redevenu simple gratte-papier, et il savait que derrière lui on contrôlait son travail. Sa femme n'écrivait plus aux amis, seulement à sa mère et à ses sœurs. Ils ont changé d'appartement. « Ressaisis-toi, bon sang, c'était la guerre, ressaisis-toi ! La guerre est finie, Paul, finie ! »

Chaque deuxième semaine d'octobre il prend le tram 12 et il se rend à Annemasse. Depuis le temps la fleuriste le connaît. Il fait toujours composer une belle coupe, elle doit durer longtemps, il ne regarde pas à la dépense. Il a confiance, il sait que le dix-huit octobre les fleurs seront sur sa tombe.

Dans ses rêves il hoche la tête, mais cette fois c'est de haut en bas, « Oui, vous pouvez entrer, la Suisse va vous accueillir, vous êtes sauvés. » Il reprend l'histoire une minute avant le drame, il se réveille avec un sentiment de contentement vite suivi par les corps qui s'effondrent contre le grillage et la culpabilité.

II

Richard se réveille en sueur, le cœur battant, il y a cette douleur qui obstrue sa gorge, et l'étouffe, elle revient presque toutes les nuits et avec elle le jaillissement épais, le spectacle insoutenable. Avec le temps il a appris à rendre son hurlement silencieux pour ne pas déranger sa seconde femme dans son sommeil.

Au début de leur mariage Rachel sursautait lorsqu'elle entendait ce cri rauque d'animal blessé, un son étrange, guttural, la plainte d'un rail d'autrefois quand le mécanicien avait actionné le frein de la locomotive et que le frottement du métal hurlait sur les quais pendant un long moment, juste avant l'arrêt complet de la locomotive. Richard était dressé dans leur lit, les yeux hallucinés. Elle comprenait. Prise d'un accès de compassion elle l'étreignait comme un petit enfant, « Là, là, calme-toi, c'est fini, Richard, c'est fini ». Puis elle se rendormait pendant qu'il contemplait le plafond de la chambre pendant des heures, plein de douleur et de regrets, à guetter le moment où son cœur cognerait moins fort.

Si seulement. Si seulement cela avait été un autre douanier, quelqu'un de compatissant, la vie en aurait été changée. Presque toutes les nuits il tourne l'histoire dans sa tête, si seulement, il aurait fallu si peu.

Rachel a été patiente, c'est sûr. Mais avec le temps la pité a laissé la place à l'irritation puis à l'indifférence. Il a développé des stratégies pour bloquer le cri. Il ne l'a plus réveillée.

La douleur dans la gorge revient :
— Il va neiger... Il va pleuvoir, murmure-t-il selon la saison.

Sa femme ne répond pas. Cette affreuse blessure elle aimerait tant l'oublier, elle a envie d'une vie normale, une vie sans drame, avec des petitesses et des joies minuscules, une vie sans avoir peur. C'est fini, tout ça, elle veut oublier, elle a oublié, souvent. Elle se surprend à fredonner une chanson, elle aime aller au cinéma, elle rit avec ses amies. Richard est là, avec sa fragilité, ses remords et sa hantise du passé. Rachel lui en veut. Cette Judith elle ne l'a pas connue, il paraît qu'elle était belle. C'est ce que dit Richard en tout cas et elle a honte d'être jalouse, honte de son agacement et de son besoin d'une vie toute simple.

Il est resté longtemps caché dans la ville d'Annemasse, terré dans un immeuble anonyme après la guerre, le discret monsieur du cinquième. Il a appris le français qu'il prononce avec un accent indéfinissable mais certainement pas germanique. Il n'a jamais pu retourner en Allemagne, à quoi bon ? La communauté juive de Berlin a disparu et avec elle les lieux de son enfance, la maison cossue où il a été heureux avec Judith. Racines douloureuses, racines fantomatiques. Il ne savait pas quoi faire de lui-même, il est resté en Haute-Savoie, attaché par une laisse invisible au lieu de la tragédie. Il n'a jamais pu retourner à Saint-Cergues ; il a tourné autour mais dès que la distance de sécurité se révélait insuffisante il étouffait, ça criait à l'intérieur et il devenait livide.

— Est-ce que ça va, monsieur ?

Il n'a jamais mis de caillou sur la tombe de Judith, il ne pouvait pas. Douleur, remords et impuissance.

Il a fini par s'éloigner, pas trop, il s'est établi à Annecy au début des années soixante. Il a trouvé un appartement près du lac dans une ruelle de la vieille ville, petit, biscornu, incommode, enfoui dans des strates de passé qui ne lui appartiennent pas. C'est comme un ventre anonyme, ce trois-pièces, presque jamais de lumière directe parce qu'il est cerné de murs ; un ventre rassurant dans un dédale de ruelles étroites où jamais les chars ne pourraient entrer. Il pourrait fuir facilement si jamais.

— Si jamais quoi, mon cher Richard ? C'est vraiment fini ces temps d'horreur, il faut oublier... Notre Dieu est tourné vers la vie ; il n'est pas bon que l'homme reste seul, Richard.

Les longues conversations avec le nouveau rabbin. Un homme si sage, si rassurant. Il l'a aidé à avancer dans la vie, lui a présenté sa deuxième épouse, une femme éprouvée qui était revenue seule des camps. Plus de mari, plus d'enfants mais une volonté farouche de vivre. Le rabbin a pensé qu'elle était exactement la personne qu'il fallait à Richard.

Celui-ci a repris son travail d'autrefois mais un cran en dessous, il ne crée plus de bijoux ornés de pierres précieuses, il répare des montres. Dans le silence de son atelier, penché sur les rouages minuscules, il se sent bien, comme protégé par la minutie nécessaire pour rendre à la vie les engrenages du temps.

Il ne sait pas s'il a rendu sa seconde femme heureuse, il évite de se poser la question. Rachel aussi a connu son lot de souffrances, il n'a pas voulu lui imposer les siennes, chacun son fardeau. Durant le silence de leurs longues soirées, chacun est habité par ses fantômes. La nuit il est hanté par Judith, d'abord il entend sa voix douce et tremblante, *mon bien-aimé, mon bien-aimé,* puis ses immenses yeux noirs envahissent le territoire du rêve et son âme se noie dans une nostalgie poignante avant que le couteau se retrouve dans sa main. Le hurlement dans sa gorge douloureuse.

L'été il laisse la fenêtre ouverte dans son atelier. Le bruissement continu des touristes ne le dérange pas. Parfois, une voix de jeune femme basse et mélodieuse émerge du brouhaha et les intonations chantantes de Judith déchirent le fragile édifice de sa tranquillité. L'engrenage du temps se met à s'affoler, les infimes rouages de la mémoire égrènent en un chaos douloureux les souvenirs heureux et la folie des hommes.

III

Ils contemplent la campagne légèrement vallonnée. Un paysage beaucoup moins tourmenté que la Corrèze, ici les hivers ne doivent pas être rudes et la vie facile. Les vapeurs dorées de cette mi-octobre s'effilochent et partent en lambeaux, douceur, douceur de cet instant, de cette beauté tranquille, douceur poignante de leur dernière chance. Un peu de soleil s'attarde sur leur manteau d'hiver à travers les branches, cela fait comme des griffes d'oiseaux.

Ils ont dormi dans un bois tout proche de la douane de Moniaz ; l'humidité imprègne leurs vêtements et le soleil ne réussit pas à chasser le froid et le manque de sommeil. Cette nuit hachée, à essayer de protéger Judith des tremblements qu'elle n'arrive plus à réprimer, cette nuit l'oreille tendue vers les bruits de feuilles mortes écrasées. Du gibier, voilà ce qu'ils sont devenus.

Richard s'est enfoncé dans le sommeil au moment où le ciel pâlissait, comme si le jour allait les protéger des dangers de la nuit. À côté de lui Judith a éternué.

Ils ont faim.

Au loin les barbelés brillent d'humidité, des gouttelettes pendent comme d'une immense toile d'araignée les jours d'été. De l'autre côté, la Suisse. La frontière est fermée depuis le mois d'août. Ils ont essayé de passer par Saint-Julien et par Annemasse, chaque fois ils ont été refoulés. Cette fois, ce sera leur dernière tentative.

Ils se regardent dans cette matinée ensoleillée, allongés sur les feuilles dorées qui ne sont pas encore sèches, frissonnants et nauséeux. Richard est effaré de ce qu'il lit dans les yeux de Judith, de cette absence totale d'espoir qu'il voudrait chasser.

— Qu'est-ce que tu as sur toi ? demande Judith.

— Je n'ai plus rien, vraiment plus rien. Le dernier passeur nous a tout pris.

Elle a retrouvé sa voix douce, sa voix d'avant, quand elle suivait des cours de chant, elle a une si belle voix, Judith ! Elle interrompt la rêverie dans laquelle il aimerait s'enfoncer :

— Je parle d'une arme, Richard, pas d'argent. Tu sais bien que c'est fini. On est arrivés au bout de notre parcours.

Ils contemplent les bosquets où ils pourraient se faufiler s'il n'y avait ces barbelés, trois rangs côté français et un grillage métallique de trois à quatre mètres de hauteur côté suisse.

Infranchissable...

— Ils ne nous prendront pas vivants, nous en avons déjà parlé. Qu'est-ce que tu as sur toi, mon bien-aimé ?

Il va faire très beau, il en est sûr, ça va marcher cette fois, il le faut.

Il se souvient de leur mariage, de la voix de Judith quand elle lui avait tendu la bague, la voix de Judith quand elle avait récité le verset du Cantique des Cantiques : *Je suis à mon bien-aimé et mon bien-aimé est à moi !* Richard avait brisé un verre et toute l'assemblée avait crié *Mazal tov !* Que la chance vous accompagne !

— Richard, reviens vers moi. Nous étions d'accord.

— Je n'ai rien. Seulement le couteau.

Il sort le couteau de sa musette, il a enveloppé la lame dans plusieurs mouchoirs, c'est le couteau qui servait à tuer les animaux à la ferme, il l'a volé en partant. Une arme pour défendre leur vie. Judith regarde la lame effilée. Hoche la tête en signe d'assentiment.

— Tu sais que je n'ai pas le droit, Judith.

— Mais nous sommes déjà morts, c'est fini, Richard ! Le dernier chemin.

— Nous n'aurons pas droit aux rites et nous ne serons pas enterrés dans un cimetière juif.

Elle émet un petit rire sans joie :

— Un cimetière juif ! Richard, reviens à la réalité !

Ce qu'elle lui demande c'est au-delà du possible. Il ne peut pas. Depuis bientôt quinze ans elle lui est plus précieuse que sa propre chair, il ne peut pas. Judith se lève, secoue les feuilles de frêne restées collées à son manteau et attend. Richard remet le couteau dans ses langes de tissu, ferme sa musette et se lève à son tour. Ils descendent sur la route, comme c'est beau ce paysage dans la brume mourante, comme c'est beau !

Ils marchent sur la route ensoleillée en direction d'une petite maison blanche. Ils savent que c'est la douane française, personne de visible. Plus loin, une autre petite maison blanche, celle de la douane de Monniaz, avec deux « n » pour un seul dans la partie française. Ils avancent sur le chemin, lentement. Richard croit entendre battre le cœur de Judith tellement elle a peur. Le douanier en costume gris-vert, si semblable à celui de la police allemande doit avoir à peu près l'âge de Richard. Il les regarde s'approcher, le regard dur. Il jette à peine un œil sur leurs papiers : pas de visa, pas d'entrée. Un geste de la main, « Weg, Rauss ! » comme s'il chassait des chiens importuns.

Le désespoir en couperet.

Ils reviennent en arrière, Judith pleure, elle n'a plus de jambes, elle s'effondre contre le grillage au bord du chemin.

— Maintenant, Richard, maintenant !

Il ouvre sa musette et sort le couteau, il ne la regarde pas, seulement sa gorge et tranche net. Le jaillissement du sang épais, la carotide rose, il reprend le couteau et se tranche la gorge à son tour.

Il fait très beau ce 18 octobre 1942, il est onze heures du matin ; le sang coule en épaisse rigole sur le chemin.

Sources

La frontière franco-suisse recèle nombre d'histoires tragiques : tant de Juifs ont essayé de trouver le salut en cherchant refuge dans la petite Helvétie entourée de voisins en guerre ! Mais c'était souvent un miroir aux alouettes, le petit pays avait peur d'être envahi et la politique d'asile a beaucoup fluctué. Les douaniers étaient livrés à des ordres souvent contradictoires et leur pouvoir quasi discrétionnaire. La Suisse n'accueillait que les familles accompagnées d'enfants de moins de quinze ans. Je me souviens de cet homme qui racontait, la voix brisée, qu'il avait cinq ans lorsque ses parents avaient essayé de passer en Suisse. Ils l'avaient mis à l'abri et il était devenu ainsi un « enfant caché » comme il y en eu tant. Ils avaient été refoulés et étaient morts à Auschwitz alors que s'il s'était trouvé avec eux ils auraient eu la vie sauve.

L'histoire de Judith m'a été racontée par beaucoup de gens, je savais que cette histoire terrible s'était passée à Saint-Cergues, commune florissante à la lisière de Genève, mais personne ne pouvait me donner d'indications précises sur ce qui s'était réellement passé à part ce double-suicide qui avait frappé tout le monde.

— Il y a une conférence cette semaine pour le *Jeudi des retraités*, prenez la parole avant le conférencier : parmi les personnes présentes, je suis sûre qu'il y en aura au moins une qui pourra vous renseigner, me suggère Marie-Hélène la bibliothécaire.

Suggestion lumineuse. Presque tous connaissent l'histoire de Judith et un habitant de Saint-Cergues me suggère de prendre contact avec la conseillère municipale Evelyne Février qui connaît parfaitement les faits.

Madame Février se montre d'une disponibilité chaleureuse et répond avec une générosité immédiate par l'envoi des documents qu'elle a découverts aux archives départementales d'Annecy et que vous trouverez ci-dessous. Grâce à eux j'ai pu reconstituer l'histoire de Judith et de Richard.

Madame Février est la fille d'un bûcheron italien installé à Saint-Cergues pendant la seconde guerre mondiale. Ce résistant anti-fasciste est lié à la colonie « Les Feux Follets », colonie destinée à accueillir les enfants des anti-fascistes genevois mais qui va accueillir pendant la guerre les enfants juifs confiés à la Croix-rouge helvétique. Oreste Fanti est un homme de conviction et de combats dont les récits vont bercer plus tard l'enfance de sa fille et la rendre réceptive à cette douloureuse période. Lorsqu'elle se rend au cimetière sur la tombe de ses parents, Evelyne Février fait souvent un détour pour saluer Judith. C'est comme si cette jeune femme au destin tragique faisait désormais partie des familles de Saint-Cergues.

Merci à cette belle femme courageuse pour sa disponibilité et sa volonté de faire connaître ce moment difficile de notre histoire dans la région.

Judith et Richard ont essayé de passer en Suisse à l'automne 1942 à un très mauvais moment : suite aux grandes rafles d'août dans la zone libre, la fuite des

Juifs en direction de la Suisse s'était intensifiée et les autorités genevoises avaient fermé la frontière. Judith avait trente-cinq ans, Richard quarante, et aucun enfant n'accompagnait ces Juifs allemands, ce qui ne veut pas dire qu'ils n'en avaient pas.

Le douanier suisse leur a refusé le passage et Richard a tranché la gorge de Judith avant de retourner le couteau contre lui. Leur double-suicide contre le grillage marquant la frontière, leur désespoir si absolu dont rien n'a pu atténuer la violence au fil du temps hante des habitants du lieu dont beaucoup n'étaient pas nés au moment des faits.

Documents des archives départementales d'Annecy :
1)
Le 18 octobre 1942 un couple juif, Richard Ephraïm et son épouse Judith née Séaltiel, se présentent venus de France au poste de douane suisse de Monniaz (près de Jussy, à 10 km de Genève). Demandant à trouver asile en Suisse, ce qui leur fut refusé. Désespérés, peut-être n'en étaient-ils pas à leur première tentative, ils décident ensemble de mettre fin à leur vie. Ils marchent sur une vingtaine de mètres, s'assoient sur la chaussée le dos contre le grillage bordant la frontière. Le mari tranche la gorge de sa femme, puis fait pareil sur lui-même. Le douanier français, s'apercevant qu'il se passe quelque chose d'anormal, accourt et, voyant le drame, prévient la gendarmerie et les autorités communales. Judith Ephraïm est morte sur place. Son décès est enregistré au registre d'état-civil de Saint-Cergues le jour-même. Son mari, Richard Ephraïm est transporté d'urgence à l'hôpital d'Ambilly-Annemasse. Selon les archives de cet hôpital, il fut sauvé et put ressortir après trois semaines de soins.

Il semble que Richard Ephraïm, né en 1902 à Breslau en Allemagne, a vécu après la guerre longtemps dans la région d'Annemasse.

(...) la tombe de Judith Ephraïm est conservée car placée sous la protection du Souvenir Français et bénéficie d'une concession perpétuelle. Je me suis laissé dire que cette tombe avait été régulièrement fleurie pendant des dizaines d'années par une main inconnue.

Depuis que l'existence de cette sépulture leur a été révélée, des membres des communautés juives de Genève et d'Annemasse se sont recueillis à plusieurs reprises auprès de la tombe de la pauvre Judith pour dire le Kaddish.

La Hevrah Kadishah de la communauté israélite de Genève vient de prendre en charge le renouvellement de la pierre tombale. L'inscription qui figure maintenant sur ce monument funéraire perpétue opportunément aussi la mémoire d'autres victimes de la Shoah dans le voisinage français de Genève notamment, victimes dont la tombe a disparu ou n'a jamais existé. Aucune trace matérielle ne subsiste d'elles, mais il nous importe cependant de garder leur souvenir.

Herbert Herz à Genève, le 8 février 2015

2)

Octobre 1992, témoignage des habitants de St Cergues

Tous les ans un homme a fait fleurir en octobre la tombe de Judith Ephraïm. (commande passée par un inconnu à un fleuriste de la région. Depuis quelques années maintenant ce fleurissement a cessé.

3)

Octobre 1942, extrait du registre des décès de la commune de Saint Cergues, n° 18

18 oct. 1942, 11 heures, est décédée lieu dit « Moniaz »

Judith Séaltiel, sans profession, domiciliée à Treignac (Corrèze)

née à Berlin (Allemagne) le 21 février 1907, de Benjamin Séaltiel et de Hélène Wysmer,

épouse de Ephraïm Richard

On a enterré Judith dans le cimetière de Saint-Cergues trois semaines avant l'invasion de la zone libre, le onze novembre 1942.

J'ai de fortes présomptions sur l'identité de l'homme qui, des années durant, a fait fleurir la tombe de Judith à la date de sa mort. Ce fleurissement a cessé peu avant 1992. Peut-être est-il mort à cette date, ou empêché par l'âge. Il n'était pas Juif parce que la coutume juive interdit les fleurs sur les tombes, et sa discrétion-même, le fait qu'on ne l'a jamais vu déposer les fleurs, la constance de cette date souvenir trahissent un très fort sentiment de culpabilité.

Je me suis intéressée aux renseignements fournis par l'acte de décès de Judith qui précisent son origine et son adresse officielle en France ainsi qu'aux informations fournies par les archives de l'hôpital d'Ambilly. Elles m'ont permis de reconstituer en partie le parcours du couple et son errance jusqu'à leur double suicide.

L'adresse française de Judith figurant sur l'acte de décès indique Treignac, petit village de Corrèze, au pied du massif des Monédières, sur le plateau de Millevaches. Le centre de la France a accueilli en grand nombre les réfugiés pendant l'exode de 1940 : Juifs d'Alsace, de Moselle, du Luxembourg, Juifs du Bade et du Palatinat expulsés vers la France, Juifs d'un peu toute l'Europe qui ont fui la Peste Brune et les combats. Ils sont environ deux mille trois cents à résider en permanence dans le département de la Corrèze entre

1940 et 1944, moitié Juifs français moitié Juifs étrangers. C'est beaucoup moins qu'en Dordogne voisine où ils sont plus de six mille.

Leur accueil dans le département se fait selon les instructions du dispositif général mis en place par Vichy dès 1940 et les lois antisémites d'octobre 40 et juin 41 qui soumettent les Juifs étrangers à des mesures d'internement et de regroupement. Les préfets (préfet régional et préfet départemental) vont les recenser, les surveiller et les assigner à résidence.

Les Juifs étrangers de Corrèze considérés comme riches seront internés au château de Doux sur la commune d'Altillac dans un centre d'hébergement payant. Les autres se retrouvent dans des centres de regroupement municipaux. Quant aux hommes valides de 18 à 55 ans en état de travailler ils sont regroupés dans des GTE (Groupement de Travailleurs Étrangers).

La création de cette structure dès septembre 1940 présente deux avantages : regrouper les étrangers et répondre au problème économique posé par l'absence des hommes prisonniers en Allemagne. Cette main d'œuvre bon marché devient vite essentielle dans l'économie de la zone sud. Le 665ᵉ GTE se trouve à Soudeilles sur la commune de Treignac où est domiciliée légalement Judith, la femme de Richard. En juin 41 le camp accueille 95 hommes mais monte très vite en puissance, en juillet 42 ils sont 269.

Soudeilles est un camp sans barbelés, on le voit de loin, mais personne n'en parle dans la région. Judith et Richard pouvaient probablement se voir très souvent, la surveillance étant très symbolique. Richard a sans doute travaillé dans une ferme. Il ne fait pas partie des FTP-MOI, ces Juifs étrangers passés dans la clandestinité et la Résistance pour combattre et non pas subir.

Le portrait qui se dégage de ces informations est celui d'un homme broyé par l'Histoire qui essaie de protéger sa femme. Le couple vit dans une région agricole au climat rude mais leur vie ne semble pas menacée.

Tout change à l'été 1942.

Les accords Oberg-Bousquet prévoient le transfert de 10 000 Juifs étrangers en zone occupée. La préfecture et la gendarmerie organisent les rafles : le 26 août un tiers des hommes du GTE de Soudeilles sont envoyés dans le camp d'internement de Nexon, transférés à Drancy et immédiatement redirigés vers Auschwitz-Birkenau.

Richard ne fait pas partie de ce « ramassage », mais le couple sait que désormais ce n'est qu'une question de temps. C'est alors sans doute qu'ils décident de partir vers la Suisse.

La suite de leur histoire, nous la connaissons.

Table

Edité par :

Plumitive Editions
110 Route des Roguets
FR - 74930 PERS JUSSY

Achevé d'imprimer par :

CreateSpace, Charleston SC

Dépôt légal : septembre 2015

ISBN 979-10-93327-17-4   1.11